D1721678

Gertrud Emde
Die geheimnisvolle Schöpfung

GERTRUD EMDE

Die geheimnisvolle
SCHÖPFUNG

Fenster öffnen
für die Wunder aus
der geistigen Welt

Kösel

Verlagsgruppe Random House FSC-DEU-0100
Das für dieses Buch verwendete FSC-zertifizierte Papier *Munken Premium*
liefert Arctic Paper Munkedals AB, Schweden.

Copyright © 2008 Kösel-Verlag, München,
in der Verlagsgruppe Random House GmbH
Druck und Bindung: GGP Media GmbH, Pößneck
Umschlag: Elisabeth Petersen, München
Umschlagmotiv: Photoshot, Mauritius Images, Mittenwald
Printed in Germany
ISBN 978-3-466-36798-6

www.koesel.de

INHALT

EINLEITUNG

Haben Sie sich Ihre kindliche Neugierde bewahrt – oder sagen wir besser: den Wissensdurst als inzwischen Erwachsener? Dieses Buch möchte Sie in unbekanntes Gelände führen. Wir kennen die materielle Schöpfung, kennen ihre Gesetzmäßigkeiten. Hier sind wir mit allem vertraut. – Wirklich? Manchmal gibt es Erlebnisse, die wir nach den Gesetzen dieser Welt nicht deuten können. Sie beunruhigen uns, können uns sogar ängstigen. Liegt das daran, dass wir die andere Hälfte der Wirklichkeit, die unsichtbare Schöpfung, außer Betracht lassen? Dort fühlen wir uns nicht so zu Hause. Vielleicht gibt es Ahnungen, aber die Spuren enden im undurchdringlichen Nebel. Muss es so sein?
Es gibt auch die Erfahrung, dass auf berechtigte Fragen Antworten vernehmbar werden. Es ist dann, als ob wir an der Hand genommen, Schleier um Schleier weggezogen werden und langsam, behutsam die Sicht freigegeben wird auf ein unerwartet weisheitsvolles Wunderland, erfüllt mit Leben und geordnet durch eine eigene feine Gesetzmäßigkeit.
Ich möchte Ihnen eine Vielzahl solcher Erlebnisse schildern. Vielleicht wird es Ihrer seelisch-geistigen Persönlichkeit dadurch möglich, wieder Fuß zu fassen in ihrer eigentlichen Heimat. Dazu ist es jedoch notwendig, sich dem Gesagten im vorurteilsfreien Staunen und kindlichen Bewundern hinzugeben, Ehrfurcht und Liebe zu allem wachsen zu lassen und doch bei allem Ihre Vernunft im Spiel zu lassen, um nicht auf das Glatteis vorschneller Deutungen oder sogar in eine krankhafte Abhängigkeit zu geraten.

Eine solche Erweiterung des Blickwinkels unter Einbeziehung der unsichtbaren Wirklichkeit kann Ihnen eine neue Einstellung zu Ihrer eigenen individuellen Rolle in der Fülle des Daseins vermitteln und kann Ihr Leben dadurch reicher und sinnerfüllter werden lassen.

Wollen wir nicht alle aus den Begrenzungen unserer überkommenen Vorstellungen herauswachsen? Neue Erkenntnisse machen uns frei, glücklich und zufrieden, wenn sie aus dem Herzen erkannt und durch Vernunft geläutert sind. Ist nicht im tiefsten Inneren eines jeden Menschen eine Sehnsucht nach Ganzheit und Sinn spürbar?

Haben Sie also keine Angst. Lassen Sie ein wenig Abenteuerlust zu, sie wird Ihnen helfen bei diesem Ausflug in ein weitgehend unbekanntes Land. Sie werden es nicht bereuen.

Ich möchte Sie mit diesem Buch ermutigen, sich neuen unerwarteten Erfahrungen auszusetzen, sie ernst zu nehmen und zu prüfen, ob sie Ihr Weltbild bereichern, ob sie Ihnen überzeugende Wahrheit vermitteln, sodass Sie aus ihnen lernen können. Trägt nicht jede neue Wahrheit zur Überwindung von Irrtum und Unwissenheit bei? Macht sie nicht frei?

> Um in den Besitz der Wahrheit zu gelangen,
> muss man einmal in seinem Leben alle Ansichten,
> die einem beigebracht wurden, aufgeben und sein
> Gedanken- und Wissenssystem von Grund auf
> neu errichten!
> *René Descartes*

> Wenn man sich für einen Skeptiker hält,
> tut man gut daran, gelegentlich auch
> an seiner Skepsis zu zweifeln.
> *Sigmund Freud*

Wenn wir in Resonanz sind mit allem Leben, das uns umgibt, und mitschwingen in Harmonie wie eine wohlgestimmte Saite in der großen Erdensymphonie, dann wird unser ganz eigener Klang jeder Lebendigkeit im sichtbaren und unsichtbaren Bereich wohltun, wird sie erfreuen und beglücken ...

Vorbemerkung

Dieses Buch baut auf dem Buch *Geistige Heilung durch göttliche Lebensenergie*[1] auf. Es wird darum angeraten, jenes vorher zu lesen, weil andernfalls manche Schilderungen unverständlich bleiben oder gar völlig falsch verstanden werden können.

Im Laufe der Jahre sind mir weitere Schauungen und Sichten zuteil geworden, aus denen ich lernen durfte, wie das zu verstehen ist, was in dem – für viele Menschen unsichtbaren – geistigen Hintergrund unserer Welt geschieht. Darüber möchte ich in diesem Buch berichten.

FRÜHE SCHAUUNGEN

Kindheitserlebnisse

Bitte haben Sie Verständnis dafür, dass ich Sie persönlich anspreche. Meine jahrzehntelange Referententätigkeit hat mich geprägt. Ich liebe das Persönliche, das Gegenüber, das Gespräch.

Von klein auf bin ich an die erweiterte Wirklichkeit gewöhnt. Heute finde ich es wunderbar und auch natürlich, in der All-Einheit zu leben. Früher – vor allem als Kind – hatte ich meine Schwierigkeiten. Nur meine Mutter verstand mich in meinem Erleben; dafür bin ich ihr noch heute sehr dankbar. Ich fragte mich immer: Warum sahen, wussten die anderen Menschen nicht das, was mir selbstverständlich war?

Ich wurde sehr still, lebte und unterhielt mich lieber mit Pflanzen und Tieren. Das Buch der Natur wurde mir vertraut, sehr viel konnte ich daraus lernen. Hier fand ich Antworten auf manche Fragen; die Antworten der Menschen gingen nicht auf das ein, was mir wichtig war. Lieber sprach ich darum mit meinen unsichtbaren Begleitern. Hier fühlte ich mich verstanden und geliebt. Dieses Geborgenheitsgefühl trug mich durch die schlimmsten Zeiten der letzten Kriegs- und Nachkriegsjahre.

Neue geistige Erlebnisse

Und dann durfte ich mit dem Himmel malen. Eine Begebenheit aus dieser Zeit möge Ihnen meine Erlebnisse und Empfindungen verständlich machen:

Vor ungefähr 30 Jahren begann ich mit dem Malen. Unter vielen anderen Bildern entstanden sechs Tuschegrafiken. Ich erwähne es hier, weil ich in diesem Zusammenhang zu einem überwältigenden Hellsichterlebnis kam.

Eine der Tuschegrafiken hatte ich »Kosmisches Herz« benannt. Etwa ein Jahr danach sah ich meine geistige Begleiterin mir schwebend zart entgegenkommen und – o Wunder – sie trug dieses »Herz« als Diadem im Haar. Das zauberhafte Glühen, Sprühen, der Farbenglanz waren unbeschreibbar.

Die Anwesenheit einer Lichtgestalt bedeutet, in farbiges Licht, in Duft und Glücklichsein getaucht zu werden, in welchem Zustand man auch immer vorher gewesen sein mag; und die Freude bleibt Ihnen als Kostbarkeit im Herzen – ein bleibender Kraftquell, der mir heute auch den Mut gibt, über Dinge zu sprechen, die unüblich sind. Ich werde Ihnen weniger von den wunderbaren großen göttlichen Begleitern, den Engeln, berichten, denn darüber gibt es heute schon fast zu viel Literatur; die will ich nicht noch mehren. Aber die Natur will in ihrer Lebendigkeit wieder erkannt und für die Menschen erlebbar werden. Gottes geistige Schöpfung möchte wieder geachtet und geehrt werden.

Ein weiteres Erlebnis war für mich besonders lehrreich. Es war für mich unglaublich, wie die geistige Atmosphäre in der Fußgängerzone in München sich so radikal verändern konnte, je nachdem, welche Stimmung unter den dortigen Menschen vorherrschte. Einige Tage vorher hatte ich an dieser Stelle eine Schauung von sehr negativem Charakter erlebt, die mir sehr zu denken gegeben hatte.[2] Es war samstagvormittags gewesen. Viele Menschen waren in Hetze unterwegs, und schaurige Gestalten schienen an ihnen zu zerren und sie anzustacheln, während nur wenige durch eine leuchtende Hülle vor diesem Treiben geschützt waren.

Doch jetzt, als die Menschen aus der Michaelskirche kamen, wo sie das Sylvesterkonzert mit der Cäcilienmesse erlebt hatten, herrschte eine erhabene Stimmung, Harmonie lag über der ganzen Fußgängerzone vom Karlsplatz bis zum Marienplatz. Unwirklich große, leuchtend durchscheinende Gestalten bestimmten die Atmosphäre. Kam es durch dieses feierliche Konzert? Durch die tief ergriffenen Menschenwesen? Es verdeutlichte mir die bekannte Aussage: »Gleiches zieht Gleiches an.« Ist es nicht immer so? Wie selten denken wir daran, welche Wirkungen unser Verhalten im unsichtbaren Bereich hat!

Meine Erfahrungen in dieser neuen Erlebnisphase wurden mir in wunderbarer Weise verständlich gemacht, indem mir Texte in die Feder geleitet wurden. Ich sammelte diese »Zuwendungen« – wie ich sie nenne – in einem »Tagebuch besonderer Art«. Meistens waren sie in teilweise gereimter Form verfasst. Die geistigen Urheber äußern sich über diese »Reimprosa«, wie sie es nennen, wie folgt:

Unsere geschriebenen Gedanken
sind Welten, Gestalten,
die in Langsamkeit wollen gelesen sein,
dann erst können sie die Bilder weben,
aufblühen lassen vor dir zu neuem Leben
aus dem sie getreten bei mir.
Lass dir Zeit
und halt' dich offen und bereit,
damit sie dir schenken können,
eigenes Erleben beim Namen nennen, erklären.
Unsere Worte, Sätze, Gedanken können heilen, nähren.
Aus der Liebe sind sie geboren.

15

Die Fülle zulassen

Möchten Sie mich nun zu einem Fenster zur geistigen Welt begleiten, nachdem wir im Zimmer etwas hin- und hergegangen sind? Schließen wir einen Moment die Augen, um die erlebbare Fülle auf uns wirken zu lassen, denn: »Die Grenzen deiner Sinne sind nicht auch die Grenzen der Welt.« (Galileo Galilei)

DAS GEISTIGE LEBEN
IN DER NATUR

Sichtbare Verwandlungen

Die folgenden Texte aus meinem »Tagebuch der besonderen Art« führen uns allmählich ein in das verborgene geistige Leben in der Natur:
Es ist der 13. März 1982. Ein Ligusterstrauch steht vor dem Küchenfenster. Was hat er doch für viele Gesichter! Ist es ein Gleichnis?

Diamanten, Brillanten zieren unseren Strauch,
leuchten im Laternenlicht,
viel tausendfältig es in Tropfen sich bricht.
Und heute hat Vater Frost unsern Strauch umfangen;
aus den Tropfen sind Eiskristalle entstanden
und glitzern und glühen
immer noch und doch anders,
ein diamantenes Sprühen,
feiner noch, kleiner die Strahlen.
Und als ich wieder zum Fenster kam:
Die Sonne ihm den Eismantel nahm
und stolz zeigt er dem Himmel sein Holz.
Doch abends beginnt der Nebel,
einzuhüllen die Welt;
schemenhaft ist unser Strauch

vor das Fenster gestellt,
durchscheinend zart und geheimnisvoll fein,
verhalten die Aussagekraft.
Und als am Morgen drängt die Sonnenkraft,
sitzen tausend Raureifkristalle und lachen mir zu,
winken und blinken,
sprühen und glühen,
ein Festtagskleid hat heute mein Strauch,
– wie ich auch
in der beginnenden Frühlingszeit.

So wechseln die Zeiten die Kleider,
bei allen, bei jedem.
Vieles ist schon in der Vergangenheit gewesen,
anderes wird noch kommen.
Immer ist es die Wandlung, die dich weiterbringt,
reifen lässt und von weiterer Zukunft singt.

Unsichtbares Leben erwacht

Und es ist der 14. März 1982 geworden:

Wieder ist alles weiß und still.
Selbst die Sänger verlieren ihr Frühlingsgefühl
und doch hab ich neuen Mut entdeckt:
Allenthalben schaut ein Blümlein hervor,
wurde von Zwergen und Elfen geweckt,
und leise Musik dringt an mein Ohr,
feinste Töne durchziehen die Erd' und wecken,

die im Winterschlaf, überall beginnt das Strecken.
Sonne wird empfunden.
Die längeren Tage verkünden
allen die nahende warme Zeit.
Wie ein: »Es werde!« ist angeklungen.
Und alles ist aufgewacht und bereit.
Elementare Kräfte werden von höheren durchdrungen,
angeregt.
Eine besondere Schwingung wird gepflegt,
um allem Leben zu sagen,
die Frühjahrsnachricht durch die Lande zu tragen:
»Kommt, es ist an der Zeit,
zu wachsen, zu singen in Fröhlichkeit,
tätig zu werden
auf Erden!«

Wachstum nach Gottes Schöpfungsworten

Haben Sie sich schon einmal Gedanken gemacht, wie die vielen Lebendigkeiten der Pflanzenwelt zum Wachstum kommen? Auf Gottes Wort - es ist eine Schwingung, die sich fortpflanzt bis zur Erde, in die Erde hinein - beginnt das Aufwachen. Winzigste »Luftballons« werden aktiv, holen sich die Lebensenergie, pumpen sich förmlich auf, um sie in das Wurzelwerk, die Zwiebelchen, Knöllchen, einfließen zu lassen. Eine emsige Tätigkeit über Wochen, bis das Schneeglöckchen, der Winterjasmin und all die im Frühjahr zuerst Kommenden in ihre gottgedachte Form oder Blütenpracht hineinwachsen - manchmal im Februar, im anderen Jahr erst im März.

Ein Gotteswort nach dem anderen wird vom Schöpfer auf die Reise zur Erde geschickt. Es ist Schwingung, zugleich aber auch Farbe und Duft, Freude und Zuversicht. Die Menschen empfinden dieses Besondere im Frühjahr, aber mehr noch spüren es die Naturwesen. Eine unglaubliche Aktivität beginnt. Tierkinder, die jetzt vermehrt ins materielle Leben treten, wollen betreut werden. Wie oft lenken die geistigen Wesen ein auf Beute sinnendes Tier ab, vernebeln den Blick, decken ein Tarntuch über ein Junges.

Im Vorfrühling

Aufregend ist der Beginn des Jahres. Das Blühen der ersten Blumen zeigt, dass sie nun von höherstehenden geistigen Wesen betreut werden.
Als Frühaufsteher bewunderte ich den zarten Raureif, den leichten Schnee in der allerersten Frühlingszeit:

Diamantene Seltsamkeiten
erstrahlen im ersten Morgenlicht –
breiten sich aus
zu leuchtender Edelsteinsicht –
vielfarbig im Wechselspiel der Sonnenstrahlen ...
Eis-Schneekristalle zieren Baum und Hecke,
auch Moose, Gräser und Blumen
träumen unter der göttlichen Decke ...
Sie warten auf die Frühlingsmelodie,
die anschwillt zur großen Lebenssymphonie,
wo jeder seinen Ton erkennt.
Energien fließen,

Elfen, Zwerge und Feen sie genießen
und weben mit feinsten Händen
ihren Segen hinein. –
Nur so kommt es zum Sprießen
und diesem Blumen-Glücklichsein.

Unsere verlorene Ehrfurcht
vor allem Leben

Einmal schaute ich eine Wiese im Winter. Alles, was unter der Erde träumt, hat schon eine geistige Form über sich. Nie wird ein Winterling eine Birke oder der Ligusterstrauch eine Tulpe. Doch was mich traurig stimmte: Vieles, was seit Jahrhunderten zur Lebendigkeit gehört, ist heute nur noch in seiner geistigen, also unsichtbaren Gestalt erhalten, nicht mehr in der sichtbaren. Der Mensch hat – besonders durch die Chemie – unendlich viel an Kostbarem in der Natur sterben lassen. Wie vielen Pflanzen wird auch der Lebens- und Entfaltungsprozess immer mehr durch Zubetonieren genommen.

Wie ist uns doch der Bezug zu allem Leben abhandengekommen, zu unseren kleinen Geschwistern, die uns so nötig brauchen würden. Egoistische Profitgier, Oberflächlichkeit und Gedankenlosigkeit bestimmen den Zeitgeist heute. Wie anders verhalten sich die Naturvölker. Demut, Ehrfurcht und Verbundenheit mit dem großen Geist und seinen vielen Helfern in der Natur sind ihnen selbstverständlich. Sie reden mit allen, achten auf Antworten und befolgen sie. Welch feine Kommunikation zum Segen für kleine und große, sichtbare und unsichtbare Wesenheiten! Sind wir Menschen letztlich nicht auch ein Teil der Natur?

Hingabe und Liebe ist der Wesensinhalt dieser geistigen Helfer im zauberhaften Naturgeschehen. Wenn wir einst die Ebene wechseln und im Drüben die Augen aufschlagen werden, wird alles das für uns sichtbar sein.

Die Aufgabe der unsichtbaren Helfer

Wieso wirken diese Helfer im Unsichtbaren? – Damit die Lebensformen in der sichtbaren Natur wachsen und gedeihen können, müssen ihre Lebensfunktionen durch – für uns gewöhnlich unsichtbare – Einflüsse gelenkt und unterstützt werden. Dabei sind bestimmte Fähigkeiten erforderlich, über die wir Menschen nicht verfügen. Die Naturwesen verrichten diese Dienste. Die Ergebnisse ihres Wirkens sind für uns sichtbar. Wir bewundern die entstehenden Gestaltungen in ihrer Fülle. Mögen wir uns durch ihre Schönheit und Zweckmäßigkeit anregen lassen, dem Schöpfer dafür zu danken, dass er alles so weisheitsvoll eingerichtet hat.

Die unsichtbaren Helfer sind in, auf und unter der Erde tätig, in allen Gewässern und im Luftraum – zum Wohle der Menschen. Und wir? Unterstützen wir sie, sind wir ihnen dankbar, wenn wir die vielerlei Köstlichkeiten auf dem Teller haben?

Diese Gottesarbeiter werden in vielen Kulturen wahrgenommen, sie besitzen jeweils unterschiedliche Namen. In jedem Erdteil arbeiten sie für »Gotteslohn« aus der Verbundenheit zum höchsten Haus. Würden wir auch so handeln, wenn wir die geistige Wirklichkeit wahrnehmen würden? Alle, ob kleine oder große, haben doch dasselbe geistige Elternhaus.

22

Erzählung eines Hopi-Häuptlings

Ich erinnere mich an eine Gastvorlesung in der Wiener Universität. Das Auditorium Maximum war übervoll. Ein Hopi-Häuptling mit Begleitung – alle im festlichen Ornat und Federschmuck – erzählte von Sitten und Gebräuchen seines uralten Volkes, das in großer Kargheit lebt und auf der regenarmen Hochebene nur dann überleben kann, wenn die Menschen in stetiger Verbindung mit den Kuchinas, ihren Naturgeistern, bleiben. Naturverbundenheit, Demut, Ehrfurcht und Einfachheit zeichneten seinen Vortrag aus. Ein heiliger Friede breitete sich in dem riesigen Raum aus. Der große Geist berührte jeden. Der Applaus, das Klopfen und Trampeln, wollte nicht enden.

Jeden Zuhörer begleitete etwas nach Hause, was er nie wieder vergessen wird: All-Einheit, die allumfassende Liebe und Weisheit, wurde uns vermittelt, Helligkeit und Heiligkeit eines alten Naturvolkes. Als Kostbarkeit habe ich alles im Herzen bewahrt. Vielleicht durch diese Berührung, aus der staunenden Bewunderung heraus traue ich mich, heute nach Jahrzehnten, mit Selbstverständlichkeit von meinen Erlebnissen und Sichten zu erzählen.

DIE LENKER DER ENERGIEN
UND DAS »KLEINE VOLK«

Ehrfurcht statt Überheblichkeit

Ich möchte wieder etwas aus meinem »Tagebuch besonderer Art« einstreuen, bevor wir uns neuen Erlebnissen zuwenden:

Versuche überall Brücken zu bauen,
der Zukunft zu trauen,
die Einheit zu erstreben, die Harmonie,
immer die Ganzheit zu erspüren,
um Gottesboten zu beten, die dich führen ...
Und der Alltag,
trotz Kummer und Plag',
lässt sich in Freude und Leichtigkeit bestehen.
Glaubst du's nicht? Versuch es oder überprüf es,
du wirst es sehen.

In »re-ligio« sein.
Himmel, Meer und Land:
betrachte alles an Engelshand.
Versuch dich wieder »zurückzuverbinden«.
Eine weisheitsvolle Schöpfung
steht geordnet um uns,
wollten wir nur den Sinn ergründen,

die großen Zusammenhänge finden
und sehen, nicht meinen,
dass wir alleine allem gegenüberstehen.
Wär' all unser Planen
ein Erahnen
der Schöpfergedanken,
nichts käme aus der Ordnung und würde wanken.

Demut ist statt Hochmut zu setzen –
nichts könnten wir in diesem Gefüge verletzen.
Sollten wir uns nicht mehr um Vernunft bemühen,
um wieder ein wenig Weisheit an uns zu ziehen?
Den sinnlosen Menschenstolz
wollen wir entfernen
und die Hände des Himmels ergreifen,
die so oft versuchen, die unseren zu erreichen.
»Vater, hilf uns,
dass wir wieder all unsere Sinne klären,
uns hier in Deinem Reich bewähren
und in Verantwortlichkeit
gehen in die Ewigkeit.«

An anderer Stelle lese ich dazu eine Ergänzung:

Siehst du die Sternenwelten in ihrer Fülle?
Wirst du nicht bescheiden, voll Demut und Stille?
Könntest du alle zählen, benennen und kennen –
und die Räume dazwischen? –
Nur einen Bruchteil dessen
kann dein Auge sehen ...

Ist es drum nicht vermessen,
wenn Menschen meinen,
die göttlich-himmlische Ordnung zu verstehen?

Landschaftsengel und deren Helfer

Sie sind doch sicher schon mehrfach über Landesgrenzen gefahren oder gegangen. Ist Ihnen da nicht gelegentlich aufgefallen, dass Sie sich hinter dem Schlagbaum anders fühlten?
Jedes Land hat seinen großen und mächtigen Beschützer. Frank-
reichs »Marianne« mit dem Helm kennen Sie oder unseren
deutschen »Michel« mit der Zipfelmütze. Das sind lächerliche
Karikaturen dessen, was in der geistigen Welt Realität ist: Es
gibt riesenhafte, ernste und verantwortliche, wundervolle Land-
schaftsengel, die natürlich eine ganz andere Kompetenz haben
als die kleineren Naturwesen.
Sie lenken die göttlichen Energien für ihr Volk und für das Naturgeschehen im Großen. Sie sind sich ihrer Verantwortung für
das Schicksalsgeschehen bewusst. Sie transformieren ihre Kraft
und erteilen die Unteraufträge zum Beispiel an die Hauptver-
antwortlichen der Gebirge oder Wälder dieses ihres Landes.
Auch da walten riesenhafte, wunderschöne lebendige, strahlende Wesen, die nun ihrerseits die lebenswichtigen Energien zu
Menschen, Tieren, Pflanzen und Steinen weiterlenken.
Hierfür werden diese Kräfte von kleineren Schleierwesen auf-
gegriffen, die nur für eine bestimmte Wiese oder einen Wald
verantwortlich sind. Und dort sind die noch kleineren, die
nur einen einzelnen Baum oder ein Kräutlein betreuen. Wieder
muss ich an die unfassliche Liebe und Weisheit Gottes denken,
die nicht das kleinste, unscheinbarste Leben in der Schöpfung
vergisst.
Jede Lebendigkeit auf der Erde hat ihr geistiges Kleid (Aura), ihr

geistiges Adernetzwerk (Meridiane), ihre Energiezentren (Chakren), die wie Atmungsorgane, ähnlich der materiellen Lunge, die Lebensenergie Gottes einatmen und alles Verbrauchte ausatmen. So wird jede Lebendigkeit am Leben erhalten.

Wenn man sich das vor Augen hält, lässt sich der Satz neu verstehen: »Der Mensch lebt nicht vom Brot allein.« Oder der andere: »Wie im Kleinen so im Großen.« – Ich möchte ergänzen: »Wie im Sichtbaren so im Unsichtbaren.«

Heilung eines Parks

Ich denke dabei an Marko Pogačnik aus Slowenien. Er ist akademischer Bildhauer, aber betreibt seine Kunst nach geomantischen Prinzipien in Korrespondenz mit den Landschaftsengeln und Elementarwesen. Die Erde ist für ihn ein lebendiges Wesen; sein besonderes Anliegen ist es, unserer »Mutter Erde« in ihrer Not zu helfen – und damit auch den Menschen.

Dazu bedient er sich einer Art Akupunktur, wie man sie auch sonst bei kranken Lebewesen anwendet, indem er an besonderen Punkten in der Landschaft »Nadeln« setzt; das sind hier unterschiedlich große behauene Steine mit bestimmten kunstvollen Symbolen, die die gestörten Energiefelder harmonisieren und die Landschaft, den Ort wieder in die ursprüngliche göttliche Ordnung zurückführen sollen. »Lithopunktur« nennt er diese Vorgehensweise. Er ist mit solchen Aufgaben inzwischen weltweit unterwegs. Oft wird er von seiner sensiblen Tochter Anna begleitet, die ebenfalls »mit den Engeln sprechen« kann.

Als Beispiel möchte ich seine Hilfe für den Park des Schlosses zu Türnich bei Köln erwähnen. Um den Abbau von Braunkohle in der dortigen Gegend zu ermöglichen, wurde schon in den 1950er-Jahren der Grundwasserspiegel gesenkt. Als Folge begannen die Bäume im Park allmählich abzusterben. Durch

Markos Eingreifen konnte der Park aber schließlich geheilt werden und ist nun sogar schöner und gesünder als vorher.[3] Die Besucher empfinden die »harmonisierende und kräftigende, das heißt letztlich heilende Wirkung«.[4]

Wir sehen es heute überall: Der Mensch kann zerstören, aber er kann die Wunden, die er schlägt, auch wieder heilen, wenn er im Namen des höchsten Geistes mit seiner unsichtbaren Hilfe ans Werk geht. Mögen doch mehr und mehr Menschen sich bemühen, der geschädigten Mutter Erde zu Hilfe zu kommen.

Erlebnisse auf den Philippinen

Vor gut 20 Jahren war ich auf den Philippinen. Nach einem Manila-Aufenthalt fuhren wir für zwei Wochen ans Chinesische Meer, an den Nalinac-Strand. Noch nie war mir irgendwo die Dominanz der Naturwesen so sehr aufgefallen wie hier. Ich darf Ihnen aus meinem »Tagebuch« etwas von damals wiedergeben, ein Jahr nach dem dortigen Aufenthalt niedergeschrieben.

Glutrot sehnsuchtsvoll leuchtet die Sonne ihr Soll,
und ist sie verschwunden,
wird ihr Nach-Licht bekunden
ihre Größe, ihre Macht.
Überzogen sacht
wird der Himmel erglüh'n,
ein diamantenes Sprüh'n
am Chinesischen Meer entfacht
in bengalischer Pracht.

Schwer atmet das Meer,
leer ist der Strand,
Sand wird gezeichnet von leichter Hand,
Wellen leuchten auf, vergeh'n,
neue entsteh'n.
Schwer ist die Luft.
Von den Bäumen weht ein betörender Duft.
Geisterhand
wirkt im Land:
Engel schweben über Meer und Sand,
bringen den Wind zur Ruh
und machen viel müde Augen zu.
Von weit
bellt ein Hund in die Zeit
ist es Eitelkeit?
Ein Nichts für die Ewigkeit. –
Die Sterne leuchten, der Mond ist erwacht,
ein Vibrieren, ein Gleißen, auf dem Wasser entfacht,
hebt mir die Sinne für diese Pracht.

Meine Engel will ich rufen
und danken, Gott mit ihnen suchen.
Weisheit sehe ich im Wolkenspiel:
Liebe, Güte fließt ein ins Gefühl.
Ehrfurcht wird mir zu eigen
in diesem wundervollen Schweigen.
Die Nacht ihre besondere Sprache spricht,
sie rüttelt auf, besticht,
immer Neues, Glanzvolleres zutage bricht.

Schwer atmet das Meer
und leer ist der Strand,
Sand wird gezeichnet von leichter Hand.
Es weben die Nymphen und Nixen, Najaden,
fern, ganz fern die Sirenen klagen.
Luftgeister werden geschwind
vorbeigeweht vom heißen Wind
und erzählen vom Sturm, den Korallen, den Fischen
und von vielen, vielen gestrandeten Schiffen
auf dem Meeresgrund,
in des Wassers Schlund.
Eine Möwe krächzt,
eine Palme ächzt,
und fast kalt
stehen die Sterne über dem Wald.
Heiß und kalt es in mir wallt.
Nun muss ich rufen
und wieder meine Engel suchen,
um zu vernehmen aus ihrem Munde
göttlichere Kunde.
Mögen Luft- und Wassergeister
sich neigen vor diesen himmlischen Meistern
und zügeln ihr Spiel in Wellen und Wind,
sie doch auch göttliche Kinder sind.
Und Wellen leuchten auf, vergeh'n,
neue entsteh'n.
Schwer ist die Luft,
von Sträuchern und Bäumen weht ein betörender Duft ...

Eine Woche später waren wir im Landesinnern und erlebten auch hier das spürbare Geistertreiben, die Dominanz ungezügelter Wesenhaftigkeit in der Natur. Alles nicht vergleichbar mit der unsichtbaren Wirklichkeit in unseren europäischen Landschaften. Hier ein Eindruck von unserem Erleben:

> *Sturm braust über das Land,*
> *wirbelt auf die Blätter und den Sand,*
> *und du spürst das Beben der Bäume ...*
> *Schließe die Augen*
> *und du wirst es kaum glauben,*
> *was sich zusätzlich tut:*
> *Geister fegen durch die Luft,*
> *jagen sich,*
> *beeinflussen auch dich ...*
> *In wechselndem Treiben*
> *möchten sie zeigen*
> *ihre Macht.*
> *Drum hab' acht:*
> *Segne die Geister, die Meister der Sphären.*
> *Möchten sie nur zu Gottes Ehren*
> *tätig bleiben*
> *in ihrem Treiben.*

Und noch einmal saß ich in meiner Erinnerung am Strand: So vieles ist einer Bewunderung wert. Ist das wirklich »nur ein lebloser Stein«, der da im Sonnenlicht leuchtend in meiner Hand lag? Nehmen wir uns nicht zu wenig Zeit, um uns in solche Einmaligkeiten hineinzuspüren?

Ein Diamant (nasser Stein) glitzert
  in meiner Hand
im Sonnenlicht am fernen Strand.
Ich bewundere sein Strahlen, sein Licht:
Es wird gewandelt, gebrochen –
und spiegelt zurück in vollkommen
  anderer Farbensicht.

Ist es nicht so mit allem,
was wir hören, sehen, lesen?
Es dringt ein und ändert sich,
kommt zurück als neues Wesen.
Eigenständig steht es da –
wundert's dich?
Aufgefächert – abgewichen –
anders, als es war.
Vielfalt wird gezeugt ...
Immer auch und überall
du dich vor dem Schöpfer beugst.
Weisheit ist sein Siegel.

Darf ich hier wieder andere Stimmen zu Wort kommen lassen,
die zu diesen Betrachtungen passen?

Nicht, wer nach ihm sucht und ausschaut,
sondern wer die Augen schließt,
wird des Unsichtbaren gewahr.
Nicht im Hinhorchen und Hörenwollen,
sondern im gelassenen Schweigen
wird das Lautlose vernehmbar.

Nicht im Erfassen und Greifenwollen,
sondern im Gefasstsein und Lassen
enthüllt sich das Unbegreifliche.

Laotse

Jeder, der sich die Fähigkeit erhält,
Schönes zu erkennen,
wird nie alt werden.

Franz Kafka

Der Segen der Heilbäder

Ein Erlebnis fällt mir ein: Mit Freunden schwammen wir in
Ungarn in einem dampfenden schwefelhaltigen Heilwassersee.
Ich empfand mich in diesem Wasser in einer unglaublichen Ge-
borgenheit – wie unter einer Glocke.

Später erhielt ich die Erklärung: Von außen betrachtet sah ich
eine riesenhafte geistige Gestalt über diesem See; der Saum berührte die unregelmäßige Uferregion. Nicht nur das Wasser
nahm die wundervollen transformierten himmlischen Energien
auf – auch alles, was sich im Wasser befand, und zusätzlich der
sprudelnde heilbringende Quellengrund. – Das also löste mein
ungewöhnliches Geborgenheitsgefühl und die absolute Re-
generation aus!

Sind nicht alle Heilbäder auf der Erde Geschenke Gottes an die
Menschen, die es hier so schwer haben auf ihrem Erdenweg?
Gnadenakte, aus der göttlichen Liebe geboren, damit wir wieder Kraft schöpfen können zum Weitergehen, zur Weiterentwicklung – Rastplätze der Erholung?

Eine Elfe bei ihrer Blume

Ein Fenster in unsere Vergangenheit möchte ich öffnen, nach Ottobrunn, wo wir früher gewohnt haben. Einen Brief konzipierend saß ich am Schreibtisch, blickte sinnend in die erste Dämmerung hinein zu unserem Garten, unserem Wald, da irritierte mich ein schwacher, sich bewegender Lichtschein bei einer Blume.

Zum ersten Mal blühte meine kleine Fensterpflanze. Sie hatte eine lange Rispe, rundherum längliche winzige Glöckchen. Bei näherem Hinsehen – aber lesen Sie es selbst. Gleich darauf floss es mir in die Feder. Es war im April 1984. Und weitere Informationen kamen nahtlos hinzu:

Ein silber-gold-schimmerndes Elflein
sitzt staunend vor mir.
Es ist erwacht,
geboren aus der Fensterblumen-Blütenpracht.
Einem zartfarbenen Kelch
ist es entstiegen;
mit gekreuzten Beinen
kann sich's auf dem Glöckchen wiegen.
Es ist ganz zart und fein,
fast nur wie ein lichter Schein. –
Es schaukelt vor mir im Lampenlicht, –
sprechend sind seine Äugelein ...
ist es ein Blumen-Schwingungskleid
für die Erdenblütenzeit?

Und ergänzend kam der folgende Text, wie zur Erklärung:

Mondennacht ...
Hör in das Wort hinein,
es ist so sanft, silbrig fein ...
Und wie im zaubrischen Bann
seh' ich die Elfen im Tann.
Sie schwingen im Schleiergewand –
blumenverziert von eigener Hand
im nächtlichen Reigentanz. –
Das Land ist erfüllt mit himmlischem Leben
und trinkt den kostbaren göttlichen Segen.
Wenn die Sonne ihre ersten Boten schickt,
werden sie alles Empfangene weitergeben.
Und ist der Tag erwacht,
Stehen wir staunend vor der Blumenpracht ...

So durfte ich das Geschehen besser verstehen. Alles hat seinen Sinn, auch der Tanz der Elfen. Das wurde mir noch einmal deutlich vorgeführt.

Der Tanz der Elfen

Ich saß träumend, bewundernd an einem kleinen See. Wunderschön dieser Friede, diese Schönheit, die lose Weidenumrahmung. Nebelschleier spielten über dem Wasser.
Die Sicht verfeinerte sich und ich nahm wahr, dass über dem Wasser feinste zarte Schleierwesen ihren Reigen tanzten; es waren mehrere Kreise. Eine größere Schleiergestalt schwebte heran, schien etwas zu sagen, die Reigen lösten sich auf. Ich fühlte mich in den Himmel versetzt, konnte kaum atmen, mich kaum bewegen.

Da sah ich plötzlich, wie so eine kleine Schleiergestalt auf mich zuschwebte, sich wie eine Spitzentänzerin vor mir auf eine der »schlafenden« Blüten stellte, sich in einen Lichtschein auflöste und diese Lichtenergie sich in die Blume senkte. Lichtenergie?! Lichtnahrung?! Die Blume hatte ihr Köpfchen gehoben, war aufgewacht, duftete und strahlte. Auf meine innere Frage wurde geantwortet, dass die Blumenseelchen durch so eine Freizeit wieder Kraft für ihre Pflanze gewinnen.

Wenn des Mondes silberhelles Licht
sich in den Bäumen bricht
und sich ergießt
und bis hin zu Moos und Steinen fließt,
ist die Zeit der Elfenreigen,
wo sie im Nachtlicht sich den andern Wesen zeigen:
duftig, leicht die Gewänder,
zart und fein die Bänder.
Sie schweben und tanzen im silbrigen Schein,
den Mondenreigen im Hain.
Zwerge bleiben staunend stehen,
Gnomen und Wichtel sieht man vorübergehen ...
und des Mondes silberhelles Licht
sich in Strauchwerk und Bäumen zagend bricht
und sich ergießt
und bis hin zu Moos und Steinen fließt.

Die Arbeit der Zwerge

Als ich wieder einmal Briefe zu schreiben hatte und kurz aus dem Fenster schaute, sah ich ein kleines schemenhaftes Männchen an unserem Waldrand, das geschäftig zwischen den Rhododendren hin- und hereilte. Seitdem konnte ich immer wieder einmal meinen geistigen Freunden im Garten zusehen. Dabei kam mir manchmal eine Information in die Feder.

Die folgende ist übrigens die 1095ste »Reimprosa«. Weit über 1500 Texte dieser Art existieren, die allesamt aus dem Sehen, »Hinlauschen« entstanden. Sie sollten mir zum besseren Verständnis der Gesamtwirklichkeit verhelfen.

Mögen sie auch bei Ihnen zum Weitersinnen darüber anregen, dass Gottes Schöpfung eine wundersame Vielschichtigkeit beinhaltet. Ihr Bewundern, Staunen, das Verstehen und die Demut möchte vielleicht auch bei Ihnen weiterkeimen. –

Diesmal meldete sich ein Zwerg persönlich:

»Wichtel« nennt man mich.
Groß ist die Arbeit bei und in der Natur.
Weit ist der Wald und groß ist die Flur, –
des Schöpfers Geschenke für alle Lebendigkeit,
für die Entwicklung hin zur Ewigkeit.

Jeder auf seinem Platz
hat eine Menge Arbeit zu versehen.
Für jede Kleinigkeit braucht er
das richtige Lauschen und dann das Verstehen,
was in des Schöpfers und auch Erhalters Wille
begründet liegt.
Letztlich wohl Seine Entscheidung siegt.
Doch ist in allem das Tun anzuregen,

alles ist auf dem Weg und braucht das Bewegen
und wächst in die Feinheit,
Durchlichtung hinein ...
Wie leicht ist die Arbeit der feineren Welten,
wenn die großen Gesetze der Einheit
wieder erfasst sind und gelten,
und der Mensch sich besinnt,
dass er wie alle Feinen in allen Welten dient
und teil an dem Erlösungswerk nimmt
aus Liebe, Ehrfurcht und dem großen Einheitsverstehen.
Dem Einfühlen, dem Lauschen kann solches geschehen.
Und dann reicht einer dem andern die Hand
und geknüpft wird wieder das himmlische Band,
wie einstens, wo alles in Harmonie
und jeder diente und liebte
und der Gottestreue sich rühmte
im Einheitsland ...

Ein Gespräch mit einem Wichtelmann

Beim Durchblättern meiner alten Unterlagen (ein Sammelord-
ner über Naturwesen) fiel mir gerade ein »Zwergengespräch« in
die Hände.
Ich war bei einem Volltrance-Medium zu Besuch gewesen.
Unser Freund, Prof. H., hatte mich zu diesem Andachtsnach-
mittag mitgenommen. Sie werden es nicht glauben: Durch
das Medium meldete sich ein Zwerg aus der dortigen Gegend.
Er bezeichnete sich als »Wichtelmann«. Die Unterhaltung mit
dem Zwerg wurde auf Kassette mitgeschnitten, ein Teilnehmer
schickte mir später eine Abschrift zu.

Anwesend waren etwa 20 bis 30 Leute aus der Umgebung. Einmal im Monat wurde so eine Andachtsstunde gehalten: gute Meditationsmusik am Anfang und am Ende, Gebete, Bitte um Segen und Schutz. Dazwischen eine Art christlicher Predigt, danach ging es dann recht unterschiedlich weiter. Einmal stand ein geistiger Arzt für Fragen zur Verfügung, ein andermal durften »arme Seelen« im Gespräch auf den himmlischen Weg gewiesen werden, oder es meldeten sich besondere Verstorbene mit einem Anliegen. So war ich damals auch mit Max Seltmann bekannt geworden.[5]

Diesmal waren es, was sonst kaum vorkam, ein Zwerg und eine Art Elfe, die uns im Kreis besuchten.

W (WICHTELMANN): Heute dürfen wir auch einmal kommen, weil nicht gar so viele hier sind; da ist es für uns leichter. Man nennt mich einen Wichtelmann. Bin einer von den vielen. Aber ich hab euch auch etwas mitgebracht, einen großen Sack. Konnt' ihn kaum schleppen. In der Mitte dort habe ich ihn hingestellt. Ein großer Sack. Du weißt, was da drin ist?

H (PROF. H.): Nein, weiß ich nicht. Aber du weißt es. Sicher hast du uns etwas Gutes mitgebracht.

W: Jeder von euch bekommt etwas. Es sind heilende Kräuter, die ich gepflückt habe im Wald und auf der Wiese.

H: Was sind das für Kräuter?

W: Viele, viele. Es würde zu lange dauern, sie alle aufzuzählen. Jeder von euch darf jetzt hineinlangen und sich ein Büschel herausnehmen. Ich steh schon dabei und weiß, was jeder braucht, und da bekommt er gerade das Büschel, das für ihn gut ist. Wir wollen doch auch so ein bisschen mithelfen.

H: Ich werde jetzt hineingreifen in den Sack.

W: Ja greift alle hinein. Stell dir vor, ich würde mir jeden vornehmen. So viel Zeit habt ihr doch nicht und ich auch nicht.

H: Hast du denn so viel zu arbeiten?

w: Oh, was glaubt ihr, was ich hier zu tun habe. Draußen in Wald und Flur, jetzt, wo das Erwachen der Natur im Gange ist. Aber meine lieben Freunde haben mitgesammelt und es ist unsere Gabe an euch, ihr Menschen.

Aber wir haben auch eine Bitte: Dass ihr uns nicht vergesst und dass ihr immer daran denkt, dass wir in der Natur wirken, uns allen zum Wohl und für euer Wohl, für das Wohl der Menschen und für den, den ihr Schöpfer nennt. Viel mehr müsstet ihr euch der Natur zuwenden. Die Natur ist ein offenes Buch, das weiß doch jeder von euch.

H: Wir übersehen es leider oft.

w: Ihr müsst nur mal ein bisschen lauschen, das ist wichtig. Das meine ich mit »lesen, im Buch der Natur lesen«. Sagen wir besser: »in der Natur zu lauschen«.

H: Womit bist du denn momentan beschäftigt, was ist denn deine Aufgabe?

w: Ich bin hier in der Gegend, da ist ein großes Grundstück von unserem lieben Freund. Unser Freund, der sitzt dort (Dr. med. Heinz H.).

H: Sag uns doch deinen Namen, dass er dich auch richtig ansprechen kann und er sich geistig mit dir in Verbindung setzen kann.

w: Weißt du, bei meinen Freunden werde ich anders genannt, und es ist ein Name, den ihr schlecht aussprechen könnt. Ihr könnt mich Fürchtegott nennen.

H: Fürchtest du auch Gott?

w: Fürchten in eurem Sinn, wie ihr das versteht, nicht. Aber ehren tue ich ihn durch mein Werk, durch meine Arbeit. Die haben wir alle zu vollbringen.

H: Wie gefällt dir das, was der Heinz hier gemacht hat auf seinem Grundstück?

w: Oh, wir haben fest mitgeholfen. Wir sind aber nicht nur hier, sondern in der ganzen Umgebung, im Wald und auf den Bergen, besonders auf dem Berg da droben.

H: Ihr müsst schon noch öfter zum Heinz kommen, denn er hat noch viel zu tun.

W: Wenn er uns braucht … Ich habe noch mehrere mitgebracht. Ich möchte euch nur nicht zu lange die Zeit wegnehmen. Sonst hätte ich noch viel zu erzählen.

H: Erzähle uns doch ein bisschen was.

W: Du weißt es doch selber so genau. Du kannst einen Vortrag halten, weißt du. Denn all diese chemischen Mittel, die mögen wir nicht.

GE (GERTRUD EMDE): Ist hier auch schon das Waldsterben, vielleicht durch den sauren Regen?

W: Ja, ja, es ist hier auch schon, aber wir haben weniger mit den Bäumen zu tun, sondern mehr im Inneren der Erde, für das Wasser; für das Wachsen und Gedeihen der Pflänzlein, die nicht so hoch werden wie die Bäume.

H: Wie ist denn das mit dem Wasser. Ist das richtig, wenn wir zum Beispiel das Wasser in Drehung versetzen können, dass wir das Wasser wieder ganz frisch machen können, ganz neu, damit das Wasser elektrisch wieder auflebt?

W: Es hängt nicht nur mit dieser Drehung zusammen. Erstens mit dem Gebet, dass die Menschen rein sind in ihrem Herzen. Und es müssen hier bestimmte Wasser von unten angezapft werden, die aber von euch sehr schwierig zu erreichen sind. Es sind reine Wasser und dann, wenn diese erst einmal heraufgeholt sind, dann kann man hier weiterarbeiten.

Von der Oberfläche kommt es tief herunter, diese chemischen Substanzen, die die Menschen verwenden; und für uns ist es sehr, sehr, sehr schwer. Wir können es fast nicht mehr schaffen, die Natur wieder zu reinigen. Solange die Menschen nicht die Einsicht bekommen, machen sie uns das Leben wirklich schwer.

Weißt du, ich bin im Grunde genommen schon ein ganz alter Zwerg und bin lange schon tätig. Aber unser Alter wäre gar nicht so schlimm. Wir bekommen immer wieder die Kräfte.

41

Wenn die Menschen nur nicht so unvernünftig wären! Doch sie hören ja nicht auf uns. Ja, wir können auch krank werden. Noch sind wir gesund. Aber da die Natur von den Menschen so gequält wird, werden auch wir gequält und müssen manches ertragen.

H: Wie alt bist du?

W: Soll ich das nach unseren Jahren sagen oder nach euren Menschenjahren? Nach euren Menschenjahren sind es 600 Jahre und nach den unseren ist es das Dreifache an Zwergenjahren!

H: Willst du nicht auch mal Mensch werden?

W: Nein!

H: Möchtest du nicht zum lieben Gott?

W: Wir haben unseren Gott, dazu muss ich kein Mensch werden. Vielleicht wenn die Menschen sich mal ändern, dann ... – Jetzt seid ihr uns kein Beispiel.

H: Aber es muss ja Menschen geben, die ein Vorbild werden.

W: Ja, dann ist es gut, wenn sie Vorbild werden.

GE: Ich lade dich ein nach Ottobrunn.[6]

W: Aber nur besuchsweise, denn ich darf hier meinen Bezirk nicht verlassen. Zu Besuch komme ich gerne.

GE: Wir wissen genau, dass wir ohne eure Hilfe nicht gut leben können.

W: Ja, das ist schön. Wirst du mich noch einmal einladen? Ich muss mal schauen, wann ich hier abkommen kann. Es wird in drei Wochen sein, wenn du mich da haben willst? Ich werde dich da mal ein bisschen an deinem Rock zupfen. Dann wirst du merken, dass ich da bin. Du kannst mich auch Fürchtegott nennen.

GE: Hat Dein Name etwas mit dem Fürchtegott zu tun, von dem Max Seltmann[7] vorhin gesprochen hat? (Vorher hatte sich »Max Seltmann« über das Medium gemeldet und uns einiges mitgeteilt.)

w: Nein, das habe ich nicht gehört, weil ich jetzt erst gekommen bin. Ich bin erst mit diesem wunderschönen Wesen (einer Elfe) gekommen, das mit dir gesprochen hat.

GE: Wie groß ist denn dieses Wesen?

w: Größer als ich, ich bin genau einen Meter. Es gibt verschieden große Zwerge. Es gibt auch große. Es gibt auch »Liliputaner«. Es gibt ja auch Menschen unter euch, die über zwei Meter groß sind. So ist es auch bei uns verschieden.

Vergesst eure Heilkräuter nicht. Jeder soll sich daraus holen. Es sind noch einige drinnen. – Für deine liebe Frau, ja. Aber das war jetzt das letzte.

Aber wenn ihr wollt, ... ich kann auch noch etwas holen. Ich sag euch was: Bis ihr geht, habe ich sie hergebracht. Dann könnt ihr euch noch einmal etwas mitnehmen. Ich mach' dann ganz schnell. –

Man hat es mir erlaubt, dass ich hierherkommen darf. Und heute Morgen schon ist eine kleine Elfe zu mir gekommen, die hat gesagt: »Mein lieber Zwerg, du kannst mal mitkommen mit deinen Heilkräutern«, und das habe ich getan.

GE: Ist dieses Wesen auch mit da?

w: Nein, die ist nicht aus der Natursphäre, sondern – ihr nennt es den feinstofflichen Bereich – und ist oft um dich, oft. Sie hat auch davon gesprochen. – Sie vermittelt dir Gedichte, wie ich höre.

GE: Aber sie ist es nicht alleine.

w: Nein. Ich höre ihre Stimme noch, sie ist nur etwas weiter weg. Es sind noch viele, die zu dir kommen und dich inspirieren.

Nun muss ich wieder von euch fort. Ich möchte die Kräuter holen. Ein Zwerg hält sein Wort. Merk dir das. Und wenn du in deiner Umgebung auch Zwerge hast, dann merke dir, dass ein Zwerg Wort hält.

H: Wir danken dir und laden dich ein, wiederzukommen. Ich will auch etwas dazulernen.

W: Ich werde schon mal wiederkommen.

H: Wir bedanken uns und laden dich immer mal wieder ein in diesen Kreis, du hast es ja nicht weit, nur den Berg herunter.

W: Wie man's nimmt, wie man's nimmt, wie man's nimmt. Ich danke für eure Einladung.

H: Wir danken dir für die Kräuter.

W: Mögen sie euch helfen.

Denkt aber dabei an euern Schöpfer, der in diese Kräuter die Heilkräfte hineingelegt hat, und denkt auch daran, die Natur rein zu halten. Das ist unser Anliegen.

H: Wir denken dann auch an die, die sie uns gebracht haben.

W: Das freut uns! Es gibt doch, wie ich sehe ... – ihr nennt es biologischen Anbau; da gibt es große Gärten, wo Menschen auch diese Heilkräuter anbauen. Ihr habt eure Gesetze, und davon möchte ich euch nicht abbringen. Ihr müsst als Menschen eure Gesetze einhalten, wenn es heißt, ihr dürft diese Kräuter nicht pflücken. Aber es ist so, wie ich es sehe: Nur größere Mengen sollen nicht gepflückt werden, damit diese Kräuter nicht aussterben.

Es hat mich gefreut, es hat mich sehr gefreut.

H: Wir danken dir für die Kräuter und wünschen dir, dass du nicht so viel Sorgen mit den Menschen hier hast.

W: Ich sage euch ein Wort zum Abschied: Liebt die Natur! Auf Wiedersehen!

ERLEBNISSE IN DEN BERGEN

Die Arbeit der Gnomen

Seit Jahren gönnten wir uns eine siebentägige Hütten-Hochtour da oder dort in den Alpen. Diesmal waren wir in Osttirol unterwegs. Am Nachmittag stiegen wir durch eine wilde Klamm zur ersten Hütte auf. Ich war nicht gut in Form, stundenlanges Aufsteigen, der schwere Tourenrucksack ... Eine hügelige Hochalmfläche kam in Sicht, nicht weit der weiße Großvenediger, und am fernen Ende dieser Hochalmwiese unsere Übernachtungshütte – endlich! Während meine vier Bergkameraden ihre Schritte beschleunigten, das Ziel vor Augen, wurde ich vor lauter Müdigkeit langsamer. Wie in Trance setzte ich mechanisch Schritt vor Schritt mit Blick auf dieses überwältigende Bergpanorama.

Plötzlich sah ich mehr. Die Berge mit ihren Umrissen wurden schemenhaft, aber zugleich durchscheinend. Ein unglaubliches Leben arbeitete in ihrem Inneren, das konnte ich beobachten. Steine wurden da und dorthin getragen. Waren es Gnomen? Aber warum das alles?

Und wie zur Erklärung kam in meinem Inneren die Antwort: »Ja glaubst du, die Bergkristalle, Edel- und Halbedelsteine, das Silber oder Gold, Kupfer, Eisen würde von alleine entstehen? Darum arbeiten wir wie Gärtner im Berg, Jahrtausende um Jahrtausende, um die einzelnen Gesteinszusammensetzungen zu ihrer Vollendung zu führen. Vollkommenheit ist erst im Feingeistigen zu finden.

Stundenlang könnte ich dir erzählen, wie alles im Geistigen hier auf der Erde heranreift. Komplizierte Prozesse sind das, die unserer Pflege und Sorgfalt anvertraut wurden. Die Zeit spielt auch in den Schwingungsebenen des Geistigen durchaus eine Rolle. Welch oberflächliche Erklärungen habt ihr doch durch eure Wissenschaft!«

Strahlenkleider von Bergen und Orten

Und eine zweite Sicht eröffnete sich: Jeder Berg hatte eine andere Licht- und Farbqualität – ein lebendiges, unglaublich differenziertes, individuelles farbiges Leuchten. Manches war träger, stumpfer, anderes weit, hell leuchtend, herausragend. Ich kam aus dem Staunen nicht heraus ... Bisher dachte ich, nur der Mensch, allenfalls höher entwickelte Tiere, hätten ein Strahlenkleid, eine Aura. Nein, hieß es, alles im Himmel und auf Erden hat ein Strahlenkleid!

Und je schöner und heller, desto heilender ist dort der Aufenthalt für Mensch, Tier und Pflanze. So kommt es, dass Menschen immer wieder sich zu einem Berg, einer Landschaft, zu Wiese, zu Wald oder See hingezogen fühlen, während manche andere Gegend gemieden wird; weil dort noch alles in düstererer Atmosphäre existiert, unterentwickelt im Geistigen.

Solche Bereiche sind wie Öffnungen zu Dunkelsphären. Vielleicht waren es früher Schlachtfelder, Galgenstätten oder Friedhöfe. Das ist aber kein Grund, Ängste zu entwickeln! Es gibt keinen Ort auf der Erde, der nicht geistig »entstört«, umgewandelt werden könnte.

Aber das erfordert harte konsequente geistige Arbeit mit den Licht-Gestalten im Namen des Höchsten. Auch im Geistigen geschieht nichts von allein. Was Sie als Grundvoraussetzung benötigen, ist grenzenloses Gottvertrauen, starke geistige Hilfen und eine nicht nachlassende Ausdauer im Bemühen, einen Platz zu erlösen.

Wie im Traum, gar nicht mehr erschöpft, kam ich endlich zur Hütte, wo man schon nach mir Ausschau gehalten hatte. Der Holztisch mit unserem Proviant war gedeckt und der Hüttenwirt servierte einen duftenden Alpenkräutertee.

Elementarwesen am Bach

Sehr früh am Morgen mussten wir erst einmal einen Teil des Weges vom Vortag zurückgehen, um dann nach der Karte die nächste Hütte anzusteuern. Über der Klamm wölbte sich Regenbogen an Regenbogen in der Gischt des brausenden Wassers – physikalisch völlig erklärbar durch den Winkel zur Sonne, aber unglaublich faszinierend. Keiner hatte so etwas in dieser Fülle bisher gesehen. Ich konnte mich nicht satt sehen. Aber da war noch etwas Schillerndes, Schimmerndes, in unglaublicher Schnelligkeit sich bewegendes Wesenhaftes – nein, nicht eines – ganz viele!

Der geistige Blick schärfte sich. Elementarwesen dieses Bergwassers? Ja, und auch andere. Ich sah ein Kommen und Gehen, ein Gleiten und Schweben in unglaublicher Gewandtheit. Und wieder hieß es wie damals am See: »Hier können wir uns erholen, regenerieren, Kraft sammeln für unsere Arbeiten in der Umgebung.«

Ich musste mich beeilen, meine Bergkameraden waren schon weit voraus.

Der Herr der Klamm

Wieder musste ich verweilen. Wie ein gotisches Kirchenfenster sah es aus, der dunkle Bereich auf der gegenüber steil aufragenden Felswand. War dieses Dunkel eine Höhle? Mein Interesse war geweckt, und vielleicht durch dieses Fragen sah ich plötzlich einen uralten Kopf. Haare und Bart schienen wie aus glitzernden Wasserperlen zu sein; seelenvolle, weit und tief wie ein See blickende Augen.

Und dann konnte ich die vielen wesenhaften, schemenhaften, flinken Gestalten wieder sehen. Sie verweilten kurz, schienen dem Alten Bericht zu erstatten und glitten, eilten weiter. Mir wurde es klar: Es war der Herr der Klamm, ein König, dem seine Untertanen über alles Wesentliche in der Klamm berichteten.

Ich musste mich wieder sehr beeilen, um nachzukommen.

Wie im Zoo – mit vertauschten Rollen

Aber was sah ich jetzt? Es war auch Leben an der steilen Felswand auf der anderen Seite der Klamm. Grasbüschel-Simse in den Querspalten, ein kleines Bäumchen, Blumen – und, überall in unterschiedlicher Zahl, kleine Männchen sitzend und wartend. Ich staunte, sie schienen zu bemerken, dass ich sie wahrnahm, waren freundlich, neugierig, lächelten teilweise. Und was sie mir telepathisch vermittelten: Bald würden die ersten Frühaufsteher, Bergsteiger ankommen. Die würden sie gerne sehen.

Ich glaube nicht, dass sie das Äußere betrachten wollten. Sie interessierten sich wohl mehr für die Aura der Menschen. Aus ihr sind Informationen über alle Erlebnisse der betreffenden Person ablesbar. Sie können dadurch die eigentliche Persön-

lichkeit erfassen. Und sind die Menschen nicht unterschiedlich in ihrer Zusammensetzung?
Als ich nun tatsächlich den ersten Wanderer weit unten herankommen sah, dachte ich so bei mir: Es ist wie bei uns im Zoo. Man steht und staunt oft über Exotisches, Unglaubliches, hat seine Überlegungen, seine Freude, seinen Abscheu. Aber immer ist ein Besuch im Tiergarten unterhaltsam, interessant, und bereichert kehrt man heim.

Ein Rückblick auf das Erlebte

Abends vor dem Schlafengehen erhielt ich eine Art Zusammenfassung, eine Quintessenz des Erlebten:

Strahlenwesen in unendlicher Fülle
sind überall zugegen.
Sie schweben – gleiten
in allen Zeiten
im Raum ...
Ahnst du es manchmal im Traum?
Oder hast du die Sicht
auch im Tageslicht?

Schwingungsfelder farbig getönt –
individuell geformt –
Lebendigkeiten sind es;
niemals genormt ...
Licht ist ganz unterschiedlich verwoben, –
je mehr vorhanden,
desto mehr ist die Persönlichkeit gehoben ...

Alle besitzen einen Strahlenkern.
Aus dieser Mitte heraus
strahlt alle Information und Lebensenergie ...
In göttlicher Ordnung verblieben
ist alles, in Seelenfrieden und Harmonie.

Eine Jubiläumsfeier für den Zwergenkönig

Bevor wir zu anderen Fenstern kommen, möchte ich noch ein besonderes geistiges Erlebnis aus den Bergen wiedergeben.

Mit zwei Autos zu je zwei Insassen fuhren wir von München zum Kochelsee und von dort zu viert in einem Auto weiter nach Lengries-Wegscheid. Auf diese Weise konnten wir am Ende der Tour nach dem Abstieg zum Kochelsee mit dem dort verbliebenen Auto das andere von Lenggries abholen.

Nun ging es erst einmal zum Brauneck hoch, Kammwanderung und Abstieg zur Tutzinger Hütte auf der Benediktenwand. Wir übernachteten auf Strohsäcken und waren im ersten Morgengrauen unterwegs zum Gipfelkreuz. Herrlich die Sicht, der leichte Morgendunst über den Tälern. Der Abstieg zur Kohl- und Staffelalm führte durch wildes Berggelände, anfangs mehr Klettersteig als Weg. Aufpassen war angesagt. Ich bewunderte überall diese herbe Wildheit. Ein langer Weg bis nach Kochel mit Abkochen, Gewitter und so weiter.

Ich beende hier, weil nach einem Jahr ein eigenartiges Erleben auf mich zukam, das ich Ihnen in Versform wiedergeben möchte: Ich war geistig aus der Erinnerung heraus wieder bei jenem Abstieg im Westen, auf dem kaum begangenen Steig am Westhang der Benediktenwand. Plötzlich stand ich – in meiner Vorstellung – an einer Felswand mit einem Spalt, als sich mir die geistige Welt eröffnete.

Im Wald
sah ich im Felsen einen Spalt.
Ich hörte Musik,
ein Singen und Klingen
von zarten Schalmeien.
Noch war ich im Freien
versuchte zu spähen
und ein wenig in die Felsenmitte zu sehen.
Kerzenlicht innen verhalf mir zur Sicht. –
Ich spürte die Wärme und sah im Licht
viel kleine Gestalten,
die an einer gedeckten Tafel die Becherchen halten,
um ein Prost auf ein Zwergenpaar auszusprechen.
Ich sah sie zechen
und speisen, erzählen
und konnte mir zum Zusehen
keinen besseren Platz erwählen.

Sie schienen ein besonderes Fest zu begehen,
ich konnte es an der schönen Bekleidung sehen.
Spitzen und Rüschen in allen Varianten,
glänzendes Schuhwerk, Perlen, Girlanden,
Edelsteine an den Bechern
bei diesen kleinen Zechern.
Und als ich das Ehrenpaar
genauer in Augenschein nahm,
plötzlich eine Antwort zu mir kam:
»Fünfzig Jahre regierte der König«, drang an mein Ohr.
»In Weisheit stand er seinem Volke vor.

Im großen Wald, am Felsenhang in diesem Berge
lebten nicht Menschen, sondern wilde Zwerge.
In Besonnenheit, emsig und scheu
sorgten sie für alle Pflanzen treu,
auch für alle Tiere in dieser herben Bergeinsamkeit.
Am härtesten ist die lange Winterszeit,
wenn das Futter knapp, – vereist, verschneit
der Felsenhang, verharscht der Schnee,
dann leiden Gemsen und auch das Reh.
Versorgt muss werden so manches Bein,
auch der Steinbock und manch Vögelein.
Mit Laternen wird gesucht oft ein einsam Kind
bei klirrender Kälte und kaltem Wind.
Menschen kommen nur selten in diese Bergeinsamkeit
und noch seltener in einer Winterszeit.
Hier leben nur Elfen und Feen,
Sylphen und Gnomen aller Art.
Manche sind grob, manche auch zart.
Jeder hat sein Revier,
seine Aufgabe zu versehen hier,
in diesem großen Naturgeschehen.

Abhängig ist der eine vom anderen,
achtet die Gesetze, die von Gott gegeben,
denn sie wandern
und helfen ihm auf dem Erdenplan.
Je nach ihrer Entwicklung
kommt das eine oder andere dran
in ihrem Tageslauf, im Jahreskreis.
Jeder arbeitet und wirkt mit Fleiß,

kennt und nennt sich beim Namen,
alle sich einen gegeben haben
und keiner ist da, der den Zwergenkönig nicht kennt.

So hat jeder mit beigetragen
zu diesen Feiertagen.
Geschmückt
wurden Felsenburg, Saal und Tische.
Die Dekorationen waren geglückt,
jeder brachte Geschenke aus dem Walde mit.
Es gratulierten Jung und Alt
und wünschten für die nächsten fünfzig Jahre
alles Gute, nur sorgenfreie Tage.«

Ich hörte das Spielen und fröhliche Singen,
weit und breit wurde gefeiert, so schien es zu klingen.
Ganz leise ging ich von dannen,
über mir der Abendstern, im Winde die Tannen.
Der Mond ließ wie eine Laterne den Weg erhellen
und mir eine gute Nacht bestellen.

Aus dem Leben der Naturwesen
in den Bergen

Noch eine »Reimprosa-Zuwendung« aus meinem Tagebuch zum besseren Hineinspüren in diese unsichtbare, mit unseren physischen Sinnen nicht zu erfassende erweiterte Wirklichkeit, die überall existiert:

Tief im Berge
leben Gnomen und Zwerge.
Hast du geseh'n,
wie geschäftig sie fleh'n
für Kristall und Steine
und im Vereine
auch für Blumen und Strauch?
Und alle Bäume sind ihre Freunde;
und alles Getier
ist Gesprächspartner hier.
Elfen und Feen
werden bewundert und gerne gesehen.
Überall ist geschäftiges Treiben
und doch verbleiben
viele Stunden
für fröhliche Runden,
Tanzen und Spiel –
wenig ist Ziel.
Aber ihre Arbeit wird emsig vollbracht,
ordentlich gemacht
und der Engel Wort
an jedem Ort
befolgt und heiliggehalten,
denn sie sind es, die walten
und halten ihre Hand
schützend über Berg und Land.
Und ordnen an
dann und wann,
helfen und heilen in Gottes Nam'
und sehen nach dem Rechten,

wehren dem Schlechten.
Denn Satan ist bekannt
im ganzen Land
der Gnomen und Zwerge
auf dem Berge
und auch den Feen.
Wie oft wird gesehen,
was das Böse erdacht
und Schaden gebracht.
In Stadt und Land gibt es Wesenheiten
aus höllischen Breiten.
Gott sei's gedankt,
dass er die Engel gesandt,
als Wächter in der Natur,
in Wald und Flur
und auch für die Stadt!

NATURWESEN WELTWEIT

Konflikte mit »Elfen« in nordeuropäischen Ländern

In nördlichen Ländern sind die Menschen für die unsichtbaren Wesenheiten noch offener, aufgeschlossener – und erleben dort auch sehr handgreifliche Geschehnisse, wie die Zeitungsberichte über Begebenheiten in Island[8] und Irland[9] beschreiben. Gerade ist ein wunderbares Buch einer bekannten Isländerin herausgekommen.[10] Erla Stefánsdóttir sieht seit ihrer Kindheit das »kleine Volk«, weiß um seine Sitten und Gebräuche, weiß, dass es oft in Großfamilien zusammenlebt und nicht gern von Menschen gestört werden möchte.

Erla Stefánsdóttir wurde jeweils zurate gezogen, wenn bei Straßen- oder Tunnelarbeiten ununterbrochen Baumaschinen ohne erkennbaren Grund ihren Dienst versagten. Dann verhandelte sie, führte Gespräche mit den Unsichtbaren – man nennt sie dort Elfen – und kam schließlich zu allseits befriedigenden Ergebnissen.

Entweder wurde die Straßenführung neu geplant, weil dort ein ganzes Elfenvolk seit Jahrhunderten seinen Wohnsitz hatte und nicht umziehen wollte, oder es wurde eine Wartezeit ausbedungen, damit nach der Suche eines neuen Ortes ein Umzug der Elfen ruhig vonstatten gehen konnte. Danach konnte der Straßenbau reibungslos durchgeführt werden. Die Autorin fertigte auch Landkarten, wo die Wohnsitze des kleinen Volkes verzeichnet sind.

Island gehört zu Europa, aber welche Entfernungen trennen uns doch von dem Wissen um jene Realitäten, die sich – obschon unsichtbar – mit spürbaren Auswirkungen in der materiellen Wirklichkeit bemerkbar machen können.

In einem anderen Buch[11] schildert eine Kanadierin, Tanis Helliwell, ihre unerwartete Begegnung mit Naturgeistern in Irland. Sie suchte eigentlich einen Ort der Ruhe und Stille für eine Auszeit, stattdessen gelangte sie in ein »Spukhaus«. Aufgrund ihrer Hellsichtigkeit war sie dem Spuktreiben nicht hilflos ausgeliefert, denn sie konnte die Verursacher sehen, mit ihnen ins Gespräch kommen, gegenseitig Vertrauen aufbauen und viel von ihnen lernen: über die Evolution der Elementargeister, über ihre schicksalhafte Verbundenheit mit den Menschen. Viele von ihnen sind kooperativ und suchen engagierte Menschen, die an sie glauben und gemeinsam mit ihnen die Erde heilen wollen.

Auch über Naturgeister in Finnland gibt es ausführliche Erfahrungsberichte[12] in einem Band der »Flensburger Hefte – Anthroposophie im Gespräch«. Schließlich zählt Erla Stefánsdóttir in ihrem Buch viele Stämme und Namen von Elementarwesen auf, die in den verschiedensten Zonen der Erde zu Hause sind. Ich kenne viele solcher Berichte von Freunden, die in einem dieser Länder ihren Urlaub verbrachten. Wissen Sie, dass es die Trolle nur im Norden gibt? Dass chinesische Naturwesen »Schlitzaugen« haben? Frau Libora-Reif, von der ich in meinem vorigen Buch erzählte, hat sie zeichnen dürfen. Welcher Fülle verschließen wir uns, welcher Segen geht uns verloren, wenn wir nicht lernen, für die Weisheit und Liebe Gottes zu danken, die sich nicht nur in der sichtbaren Schöpfung zeigt. Um wie vieles könnten wir sorgenfreier leben und glücklicher sein, heiler werden.

Ein Zeitungsbericht aus Island

Islands Elfen wehrten sich gegen einen Tunnel
Erdrutsche und defekte Bohrmaschinen –
Straßenbauer suchen nach einem Ausweg
Von Holger Thorgrimsson

REYKJAVIK. (GA) In der Nähe von Olafsfjördur im Norden Islands haben Elfen ein ambitioniertes Straßenbau-Projekt gestoppt.

Die Behörden ordneten eine Unterbrechung aller Arbeiten an, nachdem die Elfen sich vehement gegen die Störung ihrer Ruhe gewehrt hatten. Jetzt soll nach Wegen gesucht werden, die Sagengestalten zu beruhigen.

Seit der Besiedlung der Insel sind viele Isländer fest davon überzeugt, dass in großen Felsen und Bergen Scharen von Elfen wohnen. Sie führen dort ein glückliches Leben – ohne Streit, Krieg und Lügen.

Wie die Elfen aussehen, weiß niemand. Sie sind für Menschen unsichtbar. Im Laufe der Geschichte haben sie aber immer wieder deutlich gemacht, dass sie sich jede Ruhestörung energisch verbitten. Wenn Menschen diesen Wunsch nicht respektieren, können die Elfen unangenehm werden.

Bei der Begradigung der einzigen Straße zwischen dem Fischereizentrum Akureyri und dem 60 km nördlich gelegenen Olafsfjördur hatten die Ingenieure nicht an die Elfen gedacht. Sie wollten einen Tunnel durch ein Bergmassiv sprengen. Die Elfen schlugen zurück.

Zuerst waren alle Bohrmaschinen defekt, mit denen Spренglöcher in den Fels getrieben wurden. Anschließend tauchte am strahlend blauen Himmel eine einzige kleine Wolke auf, die alle Kisten mit Dynamit nassregnete und untauglich machte. Nach diesem Zehn-Quadratmeter-Regen gingen viele Arbeiter nach Hause. Für die Ingenieure war aber alles nur ein Zufall;

und sie ordneten eine Fortsetzung der Arbeiten an. Daraufhin wurden die Elfen rabiat.

Im August lösten sie in Olafsfjördur zwei Erdrutsche aus, die von Experten als »unerklärlich« eingestuft wurden. Die Erdmassen hatten sich auf ebenem Boden in Bewegung gesetzt. Zwei Häuser wurden zerstört. Menschen kamen nicht zu Schaden. Elfen sind, wie die Isländer wissen, Menschenfreunde und haben noch nie einem von ihnen ein Haar gekrümmt.

Ihr letzter Denkzettel: Die bislang ungeschlagene Fußballmannschaft »Leiftur« von Olafsfjördur verlor fortan jedes Spiel und musste aus der Landesliga absteigen. Jetzt suchen die Behörden einen Weg ohne Tunnel.

Die Straßenbauer in der Hauptstadt-Region beziehen die Elfen schon seit 20 Jahren in alle Planungen ein. Bei Neubauten werden die Trassen um Felsen herumgeführt. Das kostet zwar mehr Geld, aber letztlich ist es die billigere Methode. Denn Mitte der 1980er-Jahre hatten die Straßenbauer es mit der »Hau-Ruck-Methode« versucht – die Elfen siegten. Beim Anlegen einer Umgehungsstraße wollten die Bauarbeiter mehrere Dutzend Felsen wegräumen. Erst verschwanden alle Baupläne. Dann zündete der Sprengstoff nicht, und auf der Baustelle verschwand ein Auto spurlos: Die Reifenspuren hörten einfach auf.

Schließlich versagten alle Bulldozer ihren Dienst, sobald sie bis auf einige Meter an die Felsen herankamen. Daraufhin wurde die Straße um die Felsen herumgelegt. Fortan gab es keinen einzigen Zwischenfall mehr.

Die Elfen bedankten sich sogar für das gezeigte Verständnis: Die Straße wurde viel früher fertig als geplant.

Natürlich gibt es Leute auf Island, die nicht an die Existenz der Elfen glauben. Die Fabelwesen versuchen auch nicht, sie vom Gegenteil zu überzeugen. Es sei denn, sie machen sich störend an Felsen zu schaffen.[13]

Ein Zeitungsbericht aus Irland

Eddie Lenihan, 49, irischer Lehrer und Folklore-
Experte, versucht einen Weißdorn vor den Bulldozern
der Straßenbauer zu retten –
Der Busch ist ein Versammlungsort von Elfen

Diese übernatürlichen Wesen, das weiß ein jedes Kind in Irland und natürlich auch jeder Erwachsene, können schlimme Dinge anrichten, wenn sie erzürnt werden. Falls der Busch der geplanten Umgehungsstraße von Latoon zum Opfer fiele, würden die Elfen die Straße verfluchen, Autobremsen würden nicht mehr greifen, tödliche Unfälle passieren, gibt Lenihan zu bedenken. Der Lehrer gilt bei irischen Wissenschaftlern als kompetenter Volkskundler und hat viele irische Geschichten bei alten Leuten gehört und auf Tonband archiviert, mehrere Tausend Stunden lang. Der leitende Straßenbau-Ingenieur will über die Sache nachdenken. Und Lenihan ist sicher, dass er den Weißdorn retten wird, denn die Bauarbeiter werden sich auf jeden Fall weigern, den Busch zu zerstören, wenn sie von seinem Geheimnis erfahren. In einem Land, wo der christliche Glaube an ein Weiterleben nach dem Tode für die meisten Menschen Gewissheit ist, kann man auch nicht ernsthaft die Existenz von Elfen in Zweifel ziehen.[14]

Warum so ausführlich über Naturwesen?

Auch aus Mitteleuropa sind diese Wesen nicht ausgezogen; ganz ähnliche Erlebnisse werden immer wieder aus unseren Ländern berichtet.[15] Dennoch bin ich mir bewusst, dass man die Wesen einer nicht sichtbaren Welt einem Menschen mit

»normalem« Wahrnehmungsvermögen – der also nicht hell-sichtig ist – nicht streng beweisen kann. Wer sie nicht selbst sehen kann oder wenigstens einmal ihre Wirkungen erlebt hat, wird skeptisch sein.

Das ist der Grund, warum ich alle diese Begebenheiten so aus-führlich schildere und warum ich ähnliche Erlebnisse anderer Personen in anderen Zeiten und anderen Ländern anführe. Ich hoffe, Ihnen dadurch den Zugang zur unsichtbaren Schöpfung zu erleichtern und ihre Wirklichkeit glaubhaft machen zu kön-nen.

Wenn wir das Dasein und das segensreiche Wirken jener Wesen im Hintergrund unserer sichtbaren Welt in Betracht ziehen, wird dies – so denke ich – unsere Ehrfurcht vor allem Leben-digen bestärken und uns zu einem sorgsameren Umgang mit der Natur anregen.

HELFER DER MENSCHEN

Geschichtliche Überlieferungen

Können wir uns vorstellen, dass die Menschen in früheren Zeiten hellsichtiger waren und – ich erwähnte es schon – die geistigen Wesen sehen konnten? Sie staunten und dankten den großen und kleinen Helfern und Wächtern in der Natur, bewunderten ihr Wirken und gaben ihnen unterschiedliche Namen, je nach Kulturkreis.

Vielleicht kennen Sie die griechische und die römische Mythologie mit ihren Nymphen und Faunen, die germanischen Überlieferungen oder auch Sagen und Märchen mit Zwergen, Alben, Kobolden, Feen, Elfen, Gnomen, Trollen in Verbindung mit Quellen, Bäumen, Höhlen oder dergleichen.

Erdställe und ihre Zwerge

In früheren Jahrhunderten war der Glaube an die kleinen Helfer der Menschen auch in unseren Gegenden verbreitet. Davon künden die vielen Sagen, die sich auf bestimmte Höhlen beziehen und über Zwerge oder zwergähnliche Wesen als ihre früheren Bewohner berichten.

Neben den natürlichen Höhlen sind hier die sogenannten »Erdställe« zu nennen, künstliche unterirdische Gänge und Gangsysteme, von denen man etwa 700 allein in Bayern gefunden hat. Sie wurden in der Zeit vor 1000 bis etwa 1200 gebaut und sind zumindest über Deutschland, Österreich, Polen, Tschechien, Ungarn, Frankreich, Spanien verbreitet und nachgewiesen. Der Zweck, zu dem diese Kunsthöhlen ursprünglich gegraben worden sind, ist noch ein Geheimnis. Sie dienten nicht den Menschen – weder zum Wohnen noch als Zuflucht, nicht als Lagerraum und auch nicht als Grabanlagen; man vermutet irgendeine kultische Bedeutung.

Die jetzigen Namen vieler Höhlen und auch die Namen zugehöriger Orte weisen auf Zwergwesen als (spätere) Bewohner hin: Schrattenloch, Heinzelbach, Heimbach, Wutzldorf und andere mehr. Etliche Sagen berichten über nächtliche Helfer, die schließlich durch neugierige, undankbare oder verständnislose Menschen vertrieben wurden. – Sollte die Geschichte von den Kölner Heinzelmännchen doch einen wahren Kern haben? Vor mir liegt eine Dokumentation von ca. 40 derartigen Überlieferungen.[16] Darin lese ich zum Beispiel:

»Beim Bäck zu Lengenfeld waren vor etwa vier Stämmen (Generationen?) Zwerge im Hause. An Feyerabenden nachts, wenn alles schlief, arbeiteten sie für die Menschen; fegten, spülten ab, putzten die Schuhe. Wenn sie nichts zu arbeiten fanden, weinten sie. Sie waren eineinhalb Fuß hoch, menschenfreundlich ... Noch sieht man im Keller den Gang, der zu den Zwergenlöchern, den Kammern der Zwerge führt.«

»In meiner Kindheit erzählten uns die Grattersdorfer öfters von den Erdweiberln, die unter den Häusern in den unterirdischen Gängen hausten. Wer sie ehrte, dem verrichteten sie nachts die vom Tage liegen gebliebenen Arbeiten, zum Beispiel das Flicken zerrissener Kleidung, Scheuern des Hauses und Abwaschen des Geschirrs. Dafür stellte ihnen die Bäuerin Essen und Trinken hin. (...) Aber man durfte nicht neugierig sein und den Erdweiberln bei ihrem Treiben zusehen. Fühlten sie sich beobachtet, verschwanden sie für immer.«

Der Arbeitskreis für Erdstallforschung, Roding, arbeitet mit diversen europäischen Schwestergesellschaften an der Lüftung des Geheimnisses. Im Prospekt lese ich: »Jeder Hinweis auf einen noch nicht bekannten Erdstall und die Unterstützung bei der Untersuchung und Dokumentation ist eine wertvolle Hilfe, um dieses Ziel zu erreichen.«[17]

Einst lebten die Menschen noch in der All-Einheit, schätzten auch ihre Hausgeister, mit denen sie im Namen ihrer Gottheit ihr Leben teilten. Sie wussten um den vermehrten Schutz für Mensch und Tier, den sie hierdurch hatten, denn sie sahen und wussten auch um das Wirken der negativen geistigen Wesen, die sich noch nicht in die göttliche Ordnung einfügten, sondern versuchten, Schaden zu bringen.

Ist das alles nun als »heidnisch« abzulehnen?! – Menschen, die mehr sahen und verstanden: Verhielten sie sich ohne etabliertes Christentum in dieser Beziehung nicht sogar christlicher als wir heutigen Menschen, wenn sie die Schöpfung auf diese Weise achteten und ehrten? Die ältesten dieser Erdställe sind oft mit alten Kirchen oder Kapellen verbunden, ein Zeichen, dass sie in der Anfangszeit nicht als »unchristlich« angesehen wurden.

Später, mit der Festigung der kirchlichen Macht, wurden diesen Wesen pauschal negative Eigenschaften zugesprochen; in der Inquisitionszeit galt es als Sünde, mit ihnen in Verbindung zu stehen. Kein Wunder, dass die ehemals guten Beziehungen verloren gingen.

Gewinnung geistiger Medizinen

In einem großen Garten oder, besser gesagt, in einem wunderschönen Parkgelände sah ich – im Geistigen –, wie in den Kräuterbeeten kleinste Wesen mit unterschiedlichen Behältnissen hier Blüten, da Blätter, dort Wurzeln sammelten. In diesen Körbchen wurde es voller und voller, bis sie geleert werden mussten, aber – oh Wunder – die Blüten, Blätter und Wurzeln der Pflanzen sah ich noch immer unverletzt an ihrem alten

Platz. Wie ging das vor sich? War es gestalthaftes Od,[18] das sie den Pflanzen entnahmen oder abzapften und einsammelten? Die kleinen Wesen eilten sodann in tempelartige Pavillons, die unglaublich harmonisch in dieser Landschaft verteilt waren, und brachten das Eingesammelte in zauberhaften Gefäßen in Regalen unter. Andere Wesen stiegen in die Tiefe, weil die Würzelchen unter der Erde aufbewahrt werden sollten. Ihr Handeln war sorgfältig und bedacht, sehr verantwortungsvoll. Ein emsiges Treiben.

Je nachdem, wo sich der Arbeitsplatz befand, waren diese Schleierwesen kleiner oder größer. Mich erfasste eine unglaubliche Freude und tiefe Bewunderung. Größere Wesen schwebten heran und nahmen aus diesen verschiedenartigen Behältnissen in den unterschiedlichen Pavillons für ihre Zwecke etwas heraus.

... und ihre Verwendung

Es interessierte mich, was mit diesen Substanzen geschehen würde, und ich begleitete so eine große wunderschöne Schleiergestalt in die nächstdichtere Schwingungsebene: Schon befand ich mich in einer großen Klinik an einem Krankenbett und konnte zusehen, wie der gerade einzunehmenden materiellen Medizin etwas aus dem geistigen Gefäß hinzugefügt wurde. Die materielle Medizin wurde geistig heller, ein heiliger Schein umgab sie. Man kann sich vorstellen, wie viel intensiver eine solche Tropfen- oder Pillengabe hilft.

Ich erinnere mich an die Zeit, wo ich mehr als 15 Jahre lang Heilfasten-Wanderwochen in Schneizlreuth leitete. Für unseren Kräutertee und unsere Gemüsebrühe erbaten wir jedes Mal den Segen des Höchsten und diejenige geistige Medikation, die gerade sinnvoll sein würde. Nie habe ich in all den Jahren eine

Schwierigkeit erlebt bei den Hunderten von Menschen, deren Fasten ich begleitete. Zum Abschluss der Heilfastenwoche hätte jeder ein Sportabzeichen erwerben können, so runderneuert fühlten wir uns an Körper, Seele und Geist, waren glücklich und dankbar. Echte Freundschaften datieren aus dieser Zeit.

Können Sie es erahnen, wie so ein Heilwerden entstehen kann nach solcher Vorgeschichte? Wie sehr der Segen dann einströmen kann, wenn wir um ihn bitten und ihn einlassen?

Heilebenen im Geistigen

Manchmal erinnere ich mich mit Freude und Dankbarkeit an so manchen Ausflug in andere Schwingungsebenen. Waren es Heilsphären?

Eine davon war eine Jade-Ebene. Alles war in ein zart-hellgrünes, weiches Licht getaucht. Ich fühlte mich augenblicklich beruhigt, harmonisch. Eine unwirklich schöne Landschaft mit Bergen, Gewässern und tempelartigen Gebäuden, die sich organisch in dieses Landschaftsbild einfügten, umgab mich mit vielen Tieren, Insekten – und alles in dieser zauberisch lichtdurchfluteten Jadefarbe. Dabei hieß es: Für jede Krankheit, also auch seelische Disharmonien, gibt es die jeweilige Farblicht-Landschaft. Es gibt Bäder mit »himmlischer Betreuung« ...

Wer sich mit solchen Seinsebenen anfreundet, kann beispielsweise beim Abendgebet vor dem Einschlafen darum bitten, sich in der Nacht dort regenerieren zu dürfen. Völlig erholt könnte er am Morgen aufwachen und sich in die Tagesverpflichtungen einlassen – und staunen, wie gut und leicht sich alles bewältigen lässt.

Eine interessante Einsicht: Nur solche Edelsteine waren in diesen Landschaften zu sehen, die diese jeweilige Farbschwingung, dieses Heillicht, erzeugten. Jedes Mal blieb eine Ahnung von himmlischer Vollkommenheit in mir zurück, eine nicht beschreibbare Liebe und Dankbarkeit dem geistigen Elternhaus[19] gegenüber. Wie wenig im Vergleich können wir mit unserer Liebe und Nächstenliebe ausrichten! Wie viel darf in uns noch wachsen!

Trauer beim Abschied von einem Menschen

Wir kamen gerade von einem Begräbnis zurück. Die Oma drunten vom Seeanwesen war gestorben. Eine seelengute Frau, die für ihre Großfamilie genauso liebevoll gesorgt hatte wie für alle ihre Tiere im Stall und draußen, auch für den Garten und die vielen wunderschönen Blumen um das Haus.
Schon morgens beim Aufwachen hatte ich die unwirkliche Ruhe empfunden, eine Feiertags-Feststimmung, genau wie damals beim Tod meiner Mutter. Aber was mir auch entgegenkam, als ich von meinem Fenster hinunterblickte, war die tiefe Trauer der unsichtbaren Wesen im und beim Haus, auch bei denen, die im See beheimatet sind. Eine jahrzehntelange Freundschaft, ein Miteinander war zu Ende, denn diese vielen Wesen müssen ja weiter hier auf der Erde ihre Arbeit verrichten.
Ich bat um den Segen für sie, tröstete sie: Oma ist von den Erdenbeschwernissen erlöst, gesund, glücklich im Drüben mit ihrem Mann vereint. Wir hatten hier noch alle im Dorf gemeinsam die goldene Hochzeit gefeiert, später seinen 90. Geburtstag. Ein gütiger Mensch, dieser Opa, wie seine Frau.

Hilfe für ein bedrohtes Dorf

Mir kommt ein Bericht in den Sinn, den ich von den Einheimischen hörte, als ich zur Erholung in Taormina auf Sizilien war und ausgerechnet in der Zeit meines Urlaubs der Ätna wieder Feuer und Lava ausspuckte. Es war ein schaurig-schönes Schauspiel, vor allem nachts. Aber für die dort Wohnenden bedeutet es immer eine furchtbare Gefahr.

Anfang des 20. Jahrhunderts, als sich ein gewaltiger Ausbruch des Vulkans ereignete und ein breiter Lavastreifen sich kontinuierlich auf ein Dorf zubewegte, gingen alle Bewohner, voran der Pfarrer mit dem Christuskreuz, betend dem Strom entgegen. Der Strom teilte sich schließlich und ging in zwei Lavaarmen um das Dorf herum, obwohl kein Hindernis vorhanden war. Das ist auch heute noch sichtbar.

Wie lässt sich so etwas erklären? Vermutlich wurde durch das Vertrauen der Menschen in ihrer existenziellen Not dieses Unmögliche möglich gemacht, vielleicht indem durch den starken Glauben an Gottes Allmacht unzählige Geistwesen etwas um das Dorf herum aufbauten, das wie ein Schutzwall wirkte. Das Vertrauen, der Glaube der Betenden sollten belohnt werden.

Überall setzt der Himmel Zeichen, um auf die geistigen Möglichkeiten aufmerksam zu machen. »Wenn die Not am größten, ist Gottes Hilfe am nächsten.« »Bei Gott ist kein Ding unmöglich.« »Der Glaube versetzt Berge.« Nur: Von alleine geschieht nichts. Der Mensch muss bitten, dann kann ein unglaubliches Wirken beginnen, wenn es sein darf. Die Liebe ist das Höchste. Wenn der Mensch sich ihr anvertraut, entstehen Wunder.

PERSÖNLICHE ERLEBNISSE
MIT NATURWESEN

Wie ich zu meinem Zwerg
gekommen bin

Er heißt Xaver, mein kluger, weiser Zwerg, ist etwa so groß wie ein 4-jähriges Kind, ist einige Hundert Jahre alt, hat seine Großfamilie im fränkischen Wald. Das als Steckbrief.

Wie kommt man zu so einem Vertrauten, einem Mitarbeiter im Team? Es war in der Zeit meiner intensiven Anfangsentwicklung im Geistigen. Bitte lassen Sie mich meine sonstigen damaligen Erlebnisse nicht wiederholen; es steht alles in meinem letzten Buch.[20]

Ich zeichnete mit Bleistift, Kugelschreiber, Buntstiften, Tusche, malte mit Aquarell, Ölfarben – aber ich hatte niemanden, den ich hätte fragen können über den Symbolcharakter der Inhalte meiner Bilder, überhaupt über dieses Kostbare der Darstellung und die beiden deutlich unterscheidbaren Stile.

Ich schrieb ein »Tagebuch der besonderen Art«, wie ich es nannte, eine inspirierte Erziehungshilfe, feinfühlig und liebevoll auf meine Probleme eingehend. Eine intelligente himmlische Führung ließ die Texte durch meine Hand fließen. Es ging von reiner Prosa in sogenannte »Reimprosa« über. Einige wenige Beispiele dieser Art habe ich ja auch in diesem Buch eingefügt. Und ich fing an, mehr zu sehen. Nur: Mir fehlten die menschlichen Gesprächspartner.

Ein guter Freund unserer Familie, Professor H., besuchte uns, bestaunte die Bilder und versprach mir, mich einzuladen und mich mit einem Volltrance-Medium und einer alten Dame, die von klein auf hellsichtig war, bekannt zu machen. Er selbst pflegte sie beide seit Jahren auch für seine wissenschaftlichen Arbeiten zu konsultieren. Beide waren tief religiöse, seriöse, sympathische Menschen.

Es dauerte nicht lange und ein Anruf erbrachte, dass soeben ein Treffen mit diesen beiden Damen stattfinden sollte, um gemeinsam Urlaubsdias aus Istanbul/Konstantinopel anzusehen. Professor H. und seine Frau seien dazu eingeladen worden. Sie würden mich einfach als Gast mitbringen. Ich solle mir alle Fragen aufschreiben, Bilder und schriftliches Material mitbringen, alles andere würde er schon arrangieren.

Es lief großartig, ich war überglücklich und dankbar. Nach der Kaffeepause, beim zweiten Teil der Diashow, geschah etwas Merkwürdiges: Die alte Dame unterbrach und sagte, es kämen Zwerge herein. Und dann bekam jeder Anwesende, auch meine Freunde, einen der Ankömmlinge zum ständigen Begleiter. Die Namen der Zwerge wurden genannt; ihr Beweggrund war immer das Helfenwollen.

Nur für mich war keiner da. – Allgemeines Bedauern – und weiter ging der Diavortrag. Doch dann unterbrach die alte Dame noch einmal, wandte sich an mich und sagte: »Frau Emde, nun kommt ein ganz kluger, alter, weiser Zwerg zu Ihnen. Er heißt Xaver. Oh, Sie können sich freuen, er wird Ihnen sehr behilflich sein. Er hat ein Blumensträußchen für Sie in der Hand.«

Können Sie sich vorstellen, wie einem zumute ist: Sie sehen nichts, Sie hören nichts, wissen nicht, wie und wo das Sträußchen zu nehmen ist. Nichts mehr habe ich ab sofort vom Diavortrag mitbekommen.

Als wir abends im Auto heimfuhren, lachten wir viel. Aber unser Freund sagte: »Seid vorsichtig, diese Wesen sind empfindlich, wollen ernst genommen werden.« Seine Frau konnte kaum begreifen, wie ihr Zwerg ihr in der Küche behilflich sein könnte. Kaum ein Mensch wusste, dass sie immer sehr aufgeregt war beim Kochen und Backen. Denn oft brachte ihr Mann unerwartete Besucher mit, die sich für ihr Haus interessierten, das nach allen modernen Maßstäben einer biologischen Bauweise gestaltet war. Es lohnte sich, hier Anregungen zu holen.

Die ersten Tage mit Xaver

Am nächsten Morgen fuhr ich nach einer recht unruhigen Nacht heim. Was es doch alles gibt! Wie verhält man sich mit so einem unsichtbaren Begleiter oder Beifahrer? Man weiß ja nicht einmal, wo er sich aufhält.

Ich sagte: »Bitte entschuldige, ich sehe dich nicht, ich freue mich, dass du nach Ottobrunn kommen möchtest, um mir zu helfen.« – Fragen über Fragen, aber keine für mich hörbare Antwort. Ab und zu vergaß ich ihn total – bis ich mich wieder an ihn erinnerte; dann entschuldigte ich mich und begann wieder eine neue Konversation. Die ungewöhnlichste Fahrt meines Lebens.

Zu Hause angekommen, öffnete ich die Tür, hieß ihn willkommen, forderte ihn auf, sich das Haus anzusehen, machte die Terrassentür zum Garten weit auf. »Und wo möchtest du wohnen?« Wer hat schon beim Hausbau ein Zwergen-Zimmer mit eingeplant?

Aber dann erklärte ich, dass ich sofort nach Aibling weiterfahren müsse, weil meine Mutter im Krankenhaus lag. Er könne mitkommen oder sich derweil hier umsehen und einrichten. Ich fuhr los und vergaß ihn.

Auf der Rückfahrt bog ich in einen Hohlweg ein, weil ich noch etwas Teekräuter an einer mir altbekannten unbehandelten Waldrandböschung holen wollte. Beim Aussteigen dachte ich: Eigentlich solltest du nach Zinnkraut Ausschau halten, fünf Stängel müssten dir reichen. Und was glauben Sie, was ich vor meinen Füßen fand? – Fünf Zinnkrautpflanzen. Ich war fassungslos, keine sechste. Ich ging die ganze locker bewaldete Böschung ab: nichts. – Xaver!

Hilfe im Alltag

Vorsichtig erzählte ich meiner Familie von diesen ganzen Ereignissen. Immer wieder brachte Xaver sich durch irgendwelche Besonderheiten in Erinnerung. Allmählich hatte ich das Gefühl, dass er die Arbeitseinteilung im Haus und Garten übernahm. Es ging reibungsloser, schneller.

Bis zu diesem Zeitpunkt hatte ich immer Zettel geschrieben, was so alles zu erledigen war. Das sollte sich jetzt erübrigen. Ein Beispiel: Ich ging einkaufen und vergaß den Merkzettel, der sich über Tage gefüllt hatte. Ich war schon weiter von zu Hause weg und dachte: Na ja, wenn du etwas vergisst, musst du halt morgen noch mal gehen. – Im Geschäft kamen mir die Lebensmittel aus den Regalen förmlich entgegen. Bei der Kasse war ich jedoch etwas irritiert; ich hatte einiges mehrfach dabei und hätte doch nicht so viel gebraucht.

Ich schloss die Haustür auf, das Telefon läutete und fünf Wiener Freunde auf der Durchreise, von einer Hochzeit aus dem Saarland kommend, fragten, ob sie vorbeikommen könnten. Es war mittags. Die zu viel gekauften Nudelpakete reichten, der Salat und alles Sonstige. Vergessen beim Einkauf war auch nichts: Xaver war meine Erklärung, eine andere wäre nicht logisch gewesen.

So führte er sich ein. Ich könnte noch viele weitere solche Erlebnisse beschreiben.

Hilfesuchende finden den Weg

Nach diesen Schauungen veränderte sich in der Folgezeit mein Leben nachhaltig. Menschen in Notsituationen wurden mir zugeführt. Mein geistiges Team formierte sich, um mir dabei Hilfestellung zu geben. Ich erzähle Ihnen ein Beispiel, damit Sie mich besser verstehen.

Eine fremde Frau ruft an: »Sie haben doch ein Auto zu verkaufen, mein Mann hat mich beauftragt, Ihnen zu sagen ...«

Ich: »Sie haben sich sicher in der Anschrift geirrt, wir haben kein Auto zu verkaufen.«

»Aber sie heißen doch Emde?«

»Ach, dann wird das wohl einer unserer Söhne gewesen sein.«
Ich riet ihr, sich mit ihnen in Verbindung zu setzen, und gab ihr die Telefonnummern.

Nachmittags ein erneuter Anruf dieser Frau: »Kann ich Ihnen die Unterlagen vorbeibringen, die mein Mann von Ihrem Sohn erhalten hat? Er nimmt nämlich vom Kauf Abstand, weil Ihr Sohn als Privatmann keine Garantie leisten kann.«

Nach einiger Zeit läutete es, und die Frau stand vor der Tür. – Sie hatte verweinte Augen.

Ich bat sie, zu einem Tässchen Tee hereinzukommen, dabei könne sie mir die Autokauf-Unterlagen aushändigen. Ein Gespräch entwickelte sich – und dann brach es förmlich aus ihr heraus: Sie stand vor dem Suizid.

Ich lasse die Einzelheiten beiseite. Das Ergebnis unseres langen Gesprächs war: Eine für das Weiterleben gerüstete und getröstete Frau verließ nach Stunden unser Haus.

Wären die vielen Erlebnisse oder Sichten nicht vorausgegangen, hätte ich die verweinten Augen vermutlich ignoriert, und eine Frau, eine Mutter wäre heute nicht mehr am Leben.

Solche Geschehnisse, die oft ans Unglaubliche grenzen, durfte ich immer wieder erleben, sodass ich mich fragen musste: Wer führt hier eigentlich die Regie?

Bewundernswerte Leistungen

Zu dieser Zeit begann, wie schon beschrieben, ungewollt meine seelsorgerische Lebenshilfe. Menschen kamen auf mich zu mit den unterschiedlichsten Problemen und wollten sie mit meiner Hilfe lösen. Ich gewann mehr und mehr den Eindruck, dass diese Treffen organisiert, gefügt wurden.

Telefonisch wurde die Zeit festgelegt. Es waren unbekannte Menschen und unbekannte Probleme. Wie sollte ich die Zeitdauer bemessen? Aber in all den Jahren kam der zweite immer erst dann, wenn ich mit dem ersten Patienten – eventuell auch mit einer anschließenden Heilmeditation – fertig war.

Wie oft passierte es, dass viele Entschuldigungen vorgebracht wurden, weil die »Zweiten« ungewöhnliche Behinderungen erlebten und darum meinten, viel zu spät zu sein. Mal bekam eine Katze Durchfall, ein Hund erbrach sich, es musste geputzt werden, die Straßenbahn hatte Verspätung, der Anschluss mit dem Bus war verpasst und so weiter. Aus meiner Sicht kamen die Leute genau rechtzeitig, nämlich dann, wenn der Vorherige gerade fertig war.

Könnten Sie das als Mensch arrangieren und dabei minutiös die real passende Zeit einhalten? Zufall, würde man beim ersten, zweiten, vielleicht dritten Mal sagen, aber nicht auf Dauer. Sehen Sie, wie beeinflussbar wir sind?

Vielleicht können Sie daraus besser verstehen, weshalb ich so sehr um lichte Begleiter bemüht bin, damit alles im himmlischen Sinn sich vollzieht. Das Leben kann unwahrscheinlich schön werden, wertvoll, wenn die geistige Begleitung stimmt. Auch bin ich stolz auf Xaver, immer aufs Neue dankbar über diese Zusammenarbeit, und wie glücklich und dankbar ist der Schutzengel erst, der nun so eine universelle Hilfe hat.

Wie oft habe ich mich an die Vorstellungsworte der hellsichtigen Dame erinnern müssen: »Frau Emde, Sie können sich freuen; es ist ein alter, kluger, weiser Zwerg.« Und wie er überall

behilflich ist, was er alles fertigbringt, habe ich Ihnen nur bruch-
stückhaft erzählt. Bücher könnte ich füllen. Naturwesen, die
ihre Aufgabe verstehen, sind Meister der Energiefelder, der geistigen Schwingungen. Wie oft helfen sie bei Pflanzen und Tieren
und führen ihnen das zu, was sie am Leben erhält.

Eine interessante Zeit mit Xaver. – Zwischenzeitlich hatte er
»Familienprobleme« und musste kurzfristig nach Hause, stellte
aber einen Vertreter: Andreas. Der blieb auch nach Xavers
Rückkehr bei uns. Er ist Xavers Mitarbeiter bis heute. Nun wissen Sie, wieso ich bei dem Telefonat, von dem ich nun berichten
werde, vier Augen vor mir sah.

Helfer in schwierigen Prüfungs-
situationen

Ich schildere ein ganz konkretes eigenes Erlebnis: Ein guter
Freund, C. aus Wien, – wir kennen uns bald 30 Jahre – stand
vor der Promotion. Vieles war erledigt, aber eine für die Ge-
samtbewertung entscheidende mündliche Prüfung in Wissen-
schaftstheorie stand noch bevor und der prüfende Professor
war als launisch und unberechenbar gefürchtet. Der Tag begann, C. rief an, um noch meine Gebetshilfe zu erbitten.

Es war nach 8 Uhr morgens, die Kinder und mein Mann außer
Haus, ich nun nachdenklich noch am Telefon – da leuchteten
vier Augen vor mir auf: Xaver und Andreas, die Kleinsten in
meinem geistigen Team. Die Augen leuchteten voller Unterneh-
mungslust, und so erzählte ich diesen zwei Wichten von der
Sorge und Angst des Prüflings und bat sie zugleich um even-
tuelle Hilfe. – Die Augen verschwanden.

Meditativ in guten Gedanken verbrachte ich die nächsten Stunden. Plötzlich die kurze telepathische Mitteilung: »Alles überstanden!« – Meine Reaktion: Das wirst du ja sehen. Einige Zeit

später: »Ruf an!« Nachdem ich die lange Auslandsnummer gewählt hatte, hörte ich ein Besetztzeichen. Aha, er ist zu Hause, die Prüfung ist tatsächlich vorbei. Ich blieb sitzen, wollte eine Weile warten, da läutete das Telefon: C.! – Ich fiel ihm gleich ins Wort und meinte: »Du hast ja alles gut überstanden.« – Verwunderung auf der anderen Seite.

Und dann erzählte er voller Begeisterung, dass er bereits im Bus und dann in der S-Bahn ruhiger und ruhiger wurde. Ein Phänomen, wie er meinte. All die Jahre war er nur Gegenteiliges gewohnt. Angekommen in der Universität, wurde er als Erster aufgerufen und, oh Wunder, kollegial und freundschaftlich begrüßt. Alle Fragen, bis auf eine schwierige, konnte er sehr gut beantworten. Und als er nun stockte, meinte der Professor, eigentlich sei die Frage nicht so wichtig, und stellte eine andere. Eine wunderbare, unfassbar harmonische Atmosphäre.

Die Zeit war um, der Professor fragte C., was für eine Bewertung er sich wohl verdient hätte, und schrieb lächelnd sichtbar eine Eins in seine Akte. Eine herzliche Verabschiedung und fast in Trance – unwirklich – verlief die Heimfahrt.

Das war seine Erzählung. Ich sagte nicht viel, nur die Gratulation, und legte auf. Und da waren sie wieder, die strahlenden überdimensionierten vier Augen. Es sprudelte nur so: Sie hätten in Döbling (Stadtteil von Wien) im nahen Park und in den alten verwahrlosten Villengrundstücken alle ihre Kollegen informiert und motiviert, hier zu helfen. C. wurde »behandelt«, alle Sorgen und Ängste wurden förmlich aus seinem geistigen Kleid herausgestaubt, Energien der Gelassenheit und der Ruhe wurden zugeführt. Ein Trupp bearbeitete in gleicher Weise den Professor in der Universität, weitere kümmerten sich um eine himmlische Raumatmosphäre.

»Wer bittet, dem wird gegeben«, aber wie differenziert, vielschichtig so etwas abläuft, was und wer hier so alles helfend an die Arbeit geht, darüber macht sich kaum jemand Gedanken.

Dankbarkeit, tiefe Bewunderung, Ehrfurcht, ein Glücksgefühl entstand im Herzen.

Und was soll ich Ihnen sagen? Ich hatte es Xaver vorgeschlagen: Am Abend wurde bei uns im großen Wohnzimmer die gemeinsam so gut bestandene Prüfung gefeiert. Überschrift: Jubel, Trubel, Heiterkeit. Als einige Zeit später C. zu Besuch kam, erzählten wir uns noch mehr von diesen wundersamen Geschehnissen ...

Weitere ähnliche Fälle

Ich darf hinzufügen: Dies war ja kein Einzelfall. Fast zur gleichen Zeit hatte ein Freund von C. eine ähnliche Prüfungssituation. Gerade hatte er geheiratet, hatte also Frau und Kind, beherrschte wegen seiner familiären Belastungen kaum den umfangreichen Lehrstoff und wagte es doch, sich zur Prüfung anzumelden.

Heute ist er ein gefragter Jugendrichter, vielfach engagiert und weiß es immer noch, wie ihm damals in der Prüfung förmlich eingesagt wurde, nie hätte er es sonst geschafft.

Eine vor dem Abitur stehende Schülerin rief mich an, ließ sich instruieren, befolgte alles minutiös und bekam ausgezeichnete Noten, sodass sie gleich ohne Wartezeit mit dem Medizinstudium beginnen konnte. Heute ist sie homöopathische Ärztin, die nie ohne dieses geistige Teamwork arbeitet und in ihrer steten Rückverbindung ein sehr dankbarer und glücklicher Mensch ist.

Noch viel mehr Beispiele könnte ich schildern, die ans Unwirkliche grenzen bei Operationen, Schicksalsschlägen, Lebensproblemen. – Gottes vielgestaltiges Personal, welches im bedingungslosen Einklang mit dem Himmel steht und auf der Erde seine Einsatzstelle hat, arbeitet kostenlos, aus der größeren

Übersicht heraus effektiv und nicht überbietbar sorgfältig. Die Liebe ist die Basis.

Warum sollten wir uns alldem verschließen?

Wie kommt man zu einem geistigen Helfer?

Oft werde ich gefragt: Wie kommt man zu so einem vielschichtigen Team?

Die Lichtgestalt von Gott hat jeder an seiner Seite. In welchem Maße sie zum Mitarbeiter im persönlichen Alltag wird, hängt vom Menschen ab. Beginne ich mit ihm den Tag »im Namen des Höchsten«, spreche ich mit ihm alles durch, was gerade ansteht?

Ich verrichte alles im »Wir«: Wir schreiben Briefe, wir gehen einkaufen und wir kochen zusammen. Xaver ist dabei selbstverständlich immer mitbeteiligt. Wir beraten die Hilfesuchenden und finden gemeinsam oft unwirkliche Lösungen und teilen die Freude, schicken den Dank zum höchsten Haus.

Wir fahren sehr gern mit dem Auto (wenn es sein muss). So kommt es, dass ich nach drei, vier, fünf Stunden am Steuer noch frisch bin und mich heute nicht mehr wundere, dass ich auch nach langer Fahrt unter schwierigen Bedingungen nicht müde bin. Manchmal muss ich dann gleich im voll besetzten Saal mit dem Vortrag beginnen und kann unter Umständen nachher noch dieselbe Strecke nachts nach Hause fahren – dankbar, glücklich, zufrieden. Die Autofahrt ist nie langweilig, weil wir uns ja auch zwischendurch unterhalten.

Ist einmal viel zu tun, setze ich mich hin und sage zum Beispiel: »Schaut euch das an: Zehn Sachen müssten wir sofort erledigen! Ist das nicht verrückt?« – Dann fangen wir mit der Nr. 8 an, dann folgt die 3, vielleicht ist dann 10 an der Reihe und so weiter. Und ehe ich mich versehe, sind wir fertig. Stress, Hektik, Panik – wieso denn? Im Team geht alles so glatt und sinnvoll. Warum soll ich bei 1 anfangen, wenn es aus der höheren Weisheit effizienter ist, mit 8 zu beginnen? Ich korrigiere nie. Der erste feine Impuls wird beachtet. Es gibt kein Wenn und Aber. Die Liebe, das grenzenlose Vertrauen ist zu allem die Voraussetzung. Und dann freuen wir uns riesig, dass wir alles so prima fertiggebracht haben.

Wie glücklich sind meine geistigen Lieben, dass sie sich bei mir nie langweilen müssen! Wenn wir im Garten arbeiten, ist es genau das Gleiche. In unglaublicher Flexibilität geht alles vonstatten. Die Blumenwünsche gehören erspürt. In den Gemüsebeeten hat jede Pflanze ihre eigenen Bedürfnisse. Ich habe es überall mit Persönlichkeiten zu tun, die beachtet werden möchten. Sie wollen auch gelobt werden und verdienen Ehrfurcht und größte Hochachtung. Wiederum ist die alles verstehende Liebe die Basis des Gedeihens, des Wohlfühlens. Das ist die Atmosphäre, die Heilung bedeutet für jede Lebendigkeit.

Und so haben wir Menschen es in der Hand, den Himmel schon auf Erden zu haben. Sollten sich da nicht viele Lichtwesen angezogen fühlen und die Naturgeister wieder erstarken?

Ich hatte anfangs Mühe, Xaver nicht öfter zu vergessen. Aber das »Wir« hat mir geholfen, und so ist eine unverbrüchliche Freundschaft entstanden. Auch er hat durch dieses Zusammenleben viel an Reife hinzugewonnen. So kommt es, dass er Führungen veranstalten kann: Bildungsversammlungen für seine noch unbedarfteren Kollegen. Alle sind und alles ist in der Weiterentwicklung. Auf unserer »Zwergenwiese« wird oft getagt. Xaver beruft ein. Glauben Sie etwa, nur wir Menschen hätten Schulen, Tagungen, Kongresse?

»Zünde die Lampe der Liebe an mit deinem Leben!«, sagt Rabindranath Tagore. Wenn das Wohlwollen gegenüber Menschen und Natur Ihr oberstes Anliegen ist, dann schaffen Sie eine Atmosphäre um sich, in der Sie mehr und mehr göttliche

Wesen anziehen. Und wenn diese dann spüren, dass sie als Mitarbeiter willkommen sind und geachtet werden, dann – so können Sie sicher sein – werden sie, wenn irgend möglich, auch bei Ihnen bleiben, weil sie endlich einen »interessanten« Arbeitsplatz gefunden haben, das heißt einen, an dem sie ihren eigentlichen Aufgaben zum Wohle von Natur und Mensch nachgehen können.

Müssen Sie diese Wesen unbedingt sehen? Im Gegenteil, ich habe bei der höchsten Stelle darum angesucht, nur das zu sehen, was meiner Entwicklung dient oder für einen anderen not-wendend ist. Wenn Sie hier zu viel »üben«, könnte die Endstation die Psychiatrie sein. Mit wie vielen Menschen habe ich schon zu tun gehabt, die von Bildern oder von Stimmen ununterbrochen belästigt werden. – Warum? – Negative Wesen nutzen die Sehnsucht, die Neugierde der Menschen aus. Bleiben Sie einfach, demütig, bescheiden, beziehen Sie die belebte geistige Schöpfung Gottes in Ihr Leben mit ein. Im »Wir« den Tageslauf bewältigen: Sollte das nicht reichen? Und Sie werden immer mehr in die Sicherheit hineinkommen, nie mehr etwas allein bewältigen zu müssen.

Dazu könnten Sie natürlich öfter eine Bitte in den Raum stellen: »Lieber Gott, hilf mir, dass meine allumfassende Liebe wächst und mein Ego kleiner wird. Wie schön wäre es, wenn meine Demut und Bescheidenheit auch groß würde bei allem Denken, Reden und Tun, damit sich meine Schwingung anhebt und ich meinen geistigen großen und kleinen Freunden näherkomme und sie sich über mich freuen. Könnte sich mein geistiges Licht mehren und meine Wahrnehmung sich verfeinern? Ich will jeden Tag daran arbeiten. Hilf mir die Verheißung besser zu verstehen: Trachte zuerst nach dem Reiche Gottes, das andere wird dir hinzugegeben. Gib mir die Begleiter an die Seite, die mich dabei unterstützen.«

Was tun, wenn sich das Fenster
nicht öffnet?

Bei vielen Menschen haben die geistigen Wahrnehmungsorgane ihre Funktion noch nicht aufgenommen; solche Menschen können darum weder ihre geistigen Begleiter sehen noch deren Einsprachen hören. Was können sie dann tun, um dennoch mit unsichtbaren Helfern in Kontakt zu kommen? Ich möchte dazu einmal das Wort meinem Mann geben, denn er gehört zu dieser Art von Menschen, deren geistige Augen und Ohren weitgehend geschlossen sind.

»Mein Name ist Günter Emde. In früheren Jahren habe ich mich mit jahrelangen regelmäßigen Meditationsübungen bemüht, übersinnliche Erkenntnisse zu erlangen, aber ich hatte dabei keinen nennenswerten Erfolg. Ich war so ehrlich zu mir selbst, dass ich das schließlich akzeptierte und mich mit glaubwürdigen Berichten über spirituelle Erfahrungen seriöser anderer Menschen und mit Ergebnissen der parapsychologischen Forschung begnügen musste. Und ich versuchte, die so gewonnenen Kenntnisse philosophisch abzuklären und daraus Anstöße für eine sinnvolle Lebensgestaltung zu erhalten.

Auch auf diesem Weg kam ich nach längeren Umwegen zu der Überzeugung, dass es geistige Wesen ganz offensichtlich gibt und dass sie in unsere Erfahrungswelt einwirken können. Darum beziehe ich sie in mein Denken und Handeln ein und habe dabei auch gewisse Erlebnisse.

Meine Frau sagt, ich hätte auch einen Zwerg. Er habe einen lustigen Namen. Ab und zu denke ich an ihn; und manchmal macht er sich auch bemerkbar. Oder wie ist das zu verstehen? Urteilen Sie selbst.

Ein Beispiel: Ich war mit der Reparatur eines Zaunes beschäftigt. Dabei gebrauchte ich eine Rohrzange mit auffallend roten Griffen. Ich hatte die Zange zwischenzeitlich auf den Boden gelegt. Als ich sie wieder benötigte, traute ich meinen Augen nicht:

Sie war nicht mehr da. Ich glaubte mir aber sicher zu sein, wo ich sie hingelegt hatte. Ich räumte Laub und Erde beiseite – nichts. Oder sollte ich sie doch woanders hingelegt haben? Ich verbrachte eine halbe Stunde mit Suchen, schaute zwischendurch immer wieder an die Stelle, wo ich glaubte, sie hingelegt zu haben – es war alles umsonst.

Da dachte ich an meinen Zwerg: Sollte er mir einen kleinen Streich spielen, um auf sich aufmerksam zu machen? – Und Sie werden es nicht glauben: Als ich nach einer Weile resignierend an meine Arbeitsstelle zurückkehrte, lag die Zange unübersehbar genau dort, wo ich sie ursprünglich hingelegt hatte!

Wenn ich etwas verlegt habe – und das kommt nicht selten vor – und es nach längerem Suchen nicht finden kann, rufe ich meinen Zwerg zu Hilfe. Dann dauert es eine gewisse Zeit, und ich finde es wieder, oft an der Stelle, an der ich vorher schon mehrfach geschaut hatte. So hilft er mir, auch wenn ich ihn nicht direkt wahrnehmen kann, bei kleinen Alltagsproblemen, vielleicht auch manchmal bei Problemen mit dem Computer. Er ist offenbar ein lustiger, lieber kleiner Kerl. Ich habe ihn gern.

Wenn es aber um große Lebensprobleme geht, wenn ich nicht weiß, wie ich mich in einer kritischen Situation verhalten soll, oder wenn ich eine Tagung oder einen Vortrag zu konzipieren habe und nicht weiß, wie ich da herangehen könnte, dann wende ich mich an höhere Instanzen. Das Herzensgebet: »Jesus Christus, erbarme dich meiner« ist mir in vielen Fällen eine wirksame Hilfe gewesen. Ich spüre dann, wie sich der Geist lichtet und das ganze Problem unter einem neuen höheren Aspekt erscheint. So als dürfte ich meine Situation mit den Augen des Himmels sehen. Und daraus ergibt sich dann meist recht klar, wie ich vorzugehen habe, um einen Konflikt im guten Sinne aufzulösen.

Oder ich gehe in der Natur spazieren und rede in Gedanken mit meinem Engel, bitte ihn um eine Lösung. Und dann weiß ich es plötzlich, dann ist spontan eine Überzeugung entstanden: »Ja, so! Selbstverständlich! Wie denn sonst!«

Und wenn ich so noch nicht zu einem Ergebnis komme, dann habe ich eine weitere Möglichkeit: Ich bete abends vor dem Schlafen inständig um eine Lösung für mein Problem, das ich klar formuliert in den Raum stelle. Am nächsten Morgen nach dem Aufwachen fällt mir dann meist die Antwort ein.

In all diesen Fällen bedanke ich mich natürlich. Denn oft ist es ganz deutlich, dass ich ohne die bewusste Kontaktaufnahme kaum auf diese »eingefallene Idee« oder zu dieser neuen Überzeugung gekommen wäre. So kann ich also mit Begleitern kommunizieren, obgleich ich sie geistig weder sehen noch hören kann.«

Die achtsame Waschmaschine

Darf ich Sie in unseren Keller führen? In der Waschküche sehen Sie eine Waschmaschine, die neben der Waschtrommel eine extra Schleuder hat.

Sie ist meine ganz spezielle Freundin, sie hilft mir sparen. Sie, ebenso wie ihre baugleiche Vorgängerin, meldet mir seit mehr als 40 Jahren, sobald sie den Hauptwaschgang beendet hat, dass sie jetzt gleich das Wasser ablassen wird, bevor sich die Spülgänge automatisch einschalten.

Wie das geht und warum? Ich kann lebhaft in einer Unterhaltung sein, kochen, am Schreibtisch oder im Garten arbeiten – plötzlich heißt es »Waschmaschine«. Dann muss ich sofort losgehen, um das Waschwasser der Weißwäsche in einer Wanne auffangen zu können. Ich möchte es dann nämlich ein zweites Mal für die Buntwäsche verwenden.

Jedes Mal ist der Hauptwaschgang kurz vor der Beendigung. Egal wie viel Wasser ich benötigt hatte, ich werde zeitgerecht gerufen. Ich habe bestimmt keinen unbewussten Wecker, der mir nach einer bestimmten Zeit dieses Zeichen gibt; denn die Zeiten sind sehr unterschiedlich, je nach Art und Menge der Wäsche und der dazugehörigen Wassermenge.

Ein Wunder also? Wieso? Als Wunder mag es erscheinen, wenn man nur irdisch-materialistische Maßstäbe anlegt. Aber vieles, was wir zunächst als »wunderhaft« ansehen, wird verständlich, wenn wir den geistigen Hintergrund mit in Betracht ziehen.

In den Flensburger Heften[21] über Naturwesen habe ich etwas von »Maschinenwesen« gelesen, die bei der Entwicklung und Herstellung von Maschinen mitentstehen. Bis dato hatte ich an Xaver gedacht. Nun bin ich mir nicht mehr so sicher. Aber ein intelligentes Wesen muss auf jeden Fall im Spiel sein.

Interessant war Folgendes: Unsere erste Waschmaschine hatte nach etwa 25 Dienstjahren endgültig ausgedient. Sie war defekt, und wir konnten einige Ersatzteile nicht mehr bekommen. So versuchten wir ein entsprechendes Nachfolgemodell zu kaufen. Inzwischen waren einige Modernisierungen erfolgt: Der neue Waschautomat hatte mehr Waschprogramme, die Programmsteuerung war nicht mehr mechanisch, sondern elektronisch und so weiter. Aber ansonsten entsprach die neue Maschine der alten und ermöglichte ebenso das Abfangen der Waschlauge.

Aber Sie werden es nicht glauben: Die neue »rief« mich nicht richtig! Entweder kam ich zu früh oder zu spät zum Wasserabfangen. So ging es ein Vierteljahr. Endlich, plötzlich klappte es wieder. Seitdem komme ich zum Staunen meines Mannes, der das immer wieder erlebt, genau im richtigen Moment.

Musste sich ein dazugehöriges Maschinenwesen erst an die neuen Gegebenheiten gewöhnen, oder hatte Xaver sich erst in die neue Technik einarbeiten müssen? Ich weiß es nicht, ich neige zu der letzteren Version. Nach einem Vierteljahr funktionierte es also wieder zu 100 Prozent, und das bis zum heutigen Tag. Ein Wunder? Nein, so etwas lässt sich aus der erweiterten Wirklichkeit erklären und verstehen.

Ich weiß um diese vielen Helferwesen, erkenne sie an, rede mit ihnen, bedanke mich. Es ist ein selbstverständliches freundschaftliches Verhältnis, ein Miteinander, nicht Nebeneinander oder gar Gegeneinander. Die Hochachtung, die Wertschätzung, ist selbstverständlich.

Wie unangemessen, abwertend ins Lächerliche gezogen sind diese primitiven Plastik-Kitsch-Zwerge, die es in Gartenzentren in allen Größen zu kaufen gibt, die Putten-Engelchen mit ihren Pausbacken und naiven Gesichtern!

EIN VORTRAG UND
SEINE FOLGEN

Scheinbar leichtfertige Zusage

Es war 1980. An einem Morgen kam ein Anruf aus Deggendorf von der Leiterin eines großen Kreises, wo ich im Jahr zuvor über meine Bilder und deren Entstehung gesprochen hatte. »Frau Emde, die Menschen fragen dauernd nach Ihnen. Wann kommen Sie wieder mit einem Vortrag zu uns? Viele lassen Sie grüßen.«

Gerade an jenem Morgen hatte ich wieder in mein Tagebuch geschrieben und ganz beiläufig hieß es da: »Wenn du dort – wo du deine Bilddokumentation in Dias gezeigt und aus deinen Schriften vorgelesen hast – nach einem Vortrag gefragt wirst, solltest du über Naturgeister sprechen.«

Ganz selbstverständlich machte ich darum jetzt ein entsprechendes Angebot. Sie hatte schon öfter nachgefragt, aber was sonst sollte ich als ein neues Thema wählen? Sie war überglücklich und wollte mir sofort mehrere Termine zur Auswahl schicken.

Ich saß am Telefon und war entsetzt! Xaver und das Erleben mit ihm hätte ich damals nie preisgeben wollen. Und was wusste ich sonst schon über Naturgeister? Ich kannte von früher das Buch über die Heinzelmännchen in Köln, allenfalls noch Alberich, den Nibelungenzwerg und sein Schicksal. Ich war ratlos: Wie hatte ich mich auf so etwas einlassen können?!

C. kam wieder einmal zu Besuch und ich klagte ihm mein Leid. Er fuhr für mich nach München in die Buchhandlung Kaiser und fand zwei alte, einschlägige Bücher. Er meinte: »Damit wirst du doch in der Lage sein, einen Vortrag auszuarbeiten!« Aber es war schrecklich: Immer wenn ich mir die Bücher vornahm, passierte plötzlich so viel, dass sie mir förmlich aus der Hand fielen. Der Termin in Deggendorf rückte immer näher, und ich schwitzte Blut. Um es kurz zu machen: Die Bücher habe ich bis heute nicht gelesen, aus Zeitmangel.

Etwa zehn Tage vor dem Vortrag fing ich an, mehr zu sehen. Seitdem weiß ich, dass die Trolle nur in Skandinavien zu Hause sind, dass es auch unterentwickelte Naturgeister gibt, Stichwort Giftzwerge. Dass sie je nach Land unterschiedlich aussehen und unterschiedlich gekleidet sind. Dass alles in der Natur – gleichviel, ob im Wasser, in der Luft, in oder auf der Erde – mehr oder weniger dicht von diesen Unsichtbaren bevölkert ist. Dass sie ihre ganz speziellen individuellen Aufgaben haben, also arbeitsteilig jeder sein eigenes wichtiges Arbeitsgebiet hat. Und dass sich alles in dieser wunderbaren geistigen Schöpfung im Namen Gottes in großer Ordnung und Verantwortlichkeit vollzieht. Schließlich hätte ich selber ein Buch füllen können.

Der Angstschweiß, die Blutstropfen trockneten. Nicht ganz geheuer war es meinem naturwissenschaftlich geprägten Mann. Auch ein Sohn kam mit für alle Fälle, vielleicht kam Mama in eine bedrohliche Situation, wo es einzuschreiten galt.

Auf den nächsten Seiten finden Sie zwei Zeitungsartikel von dortigen Korrespondenten, die mir später von der Veranstalterin zugeschickt wurden. Anwesend waren auch Patres aus dem nahe gelegenen Kloster, der Stadtpfarrer; der Saal war dicht gefüllt – aber es kam kein einziger Protest.

Ein Zeitungsbericht über
den Vortrag

Geistige Hilfe für das Funktionieren der Natur
Vortrag von Gertrud Emde über »Naturgeister« vor
dem Parapsychologischen Interessentenkreis

(ER). Von Naturgeistern wie Gnomen, Nixen, Sylphen, Sturm-
geistern und Salamandern erzählte Gertrud Emde (München)
am Dienstagabend vor dem Parapsychologischen Interessentenkreis in Zusammenarbeit mit dem Katholischen Kreisbildungswerk im »Zentralhotel«. Barbara Fuchs (Hengersberg)
konnte dazu wieder ein volles Haus begrüßen; sie verwies darauf, dass am Freitag, 20. März, ein Kontakttreffen stattfinde,
nicht nur um zu plaudern, sondern auch um ein wenig über
ein Thema nachzudenken. Das Thema am Dienstag lautete
»Naturgeister«. Doch holte die Referentin etwas weiter aus
und berichtete aus eigenem Erleben. P. Norbert Backmund
(Windberg) zitierend, verwies sie darauf, dass Hellsehen, Tele-
pathie und außersinnliche Wahrnehmungen Tatsachen seien
und frei von Sensationssucht gesehen werden sollten. Die
kommende Zeit werde vieles von dem, was heute noch ungeklärt scheine, wissenschaftlich lösen. Doch Glauben ohne Wissen führe zu Aberglauben und Schwarmgeisterei, Wissen ohne
Glauben aber zu Zweifel und zur Verzweiflung.
Die Natur funktioniere, so Gertrud Emde, nicht von sich aus;
es sei geistige Hilfe erforderlich. Gott freilich sei der Auftrag-
geber; er habe aber seine Helfer. Die hohen Geister und Naturgeister seien von Geoffrey Hodson in »The Kingdom of the
Gods«[22] beschrieben und von Ethelwynne Quail im März 1937
gemalt worden. Anhand von Dias zeigte sie die Ergebnisse,
Wind- und Berggeister in verschiedensten Gestalten, aber auch
»Heilengel« und dergleichen. Solche Geister seien nur schwer
darzustellen bzw. zu Papier zu bringen. Sie wisse das aus eige-

ner Erfahrung. Bescheiden wies Gertrud Emde darauf hin, dass sie medial schreibe und medial zeichne; sie habe auch gewisse hellseherische Fähigkeiten und eine Sehergabe. Aufgrund ihrer Medialität habe sie in letzter Zeit über 250 Gedichte niedergeschrieben, so zum Beispiel:

>*Tief verschneit liegt die Erde,*
was machen unsere Gnomen und Zwerge?
Sie bereiten das Frühjahr vor,
sie arbeiten bei Wurzeln und allem Getier,
pflegen, putzen, helfen hier,
dass alles gut die Ruhezeit übersteht,
und – sobald die Sonne wärmt –
wieder an seine Arbeit geht.«

Sie habe eine gute Beziehung zu Schutzengeln und erlebe viele Gesichte. Sie selbst sei voll und ganz davon überzeugt, dass es Geister gebe: Sie überlasse es aber dem Einzelnen, dies selbst zu glauben. Hellsichtige habe es schon in der Antike gegeben, und es gebe sie auch in der Jetztzeit. Wie arm wären Märchen dran, hätten die Schreiber zum Teil nicht in das Reich der Zwerge gesehen. Im Geisterreich gebe es sogar eine hierarchische Ordnung: die Elementar-Geister, die Rudimes, Unites und Minutes, die Gnomen, Elfen und Feen, wobei Letztere in Natur-, Wasser-, Luft- und Feuergeister unterteilt werden müssten. Daphne Chartos habe diese Vierteilung vorgenommen. Freilich gebe es keine Beweise für Geister, doch seien gewisse Auswirkungen festzustellen.

Am Beispiel des aufgehenden Samens und der sich entwickelnden Pflanze zeigte die Referentin das Wirken der Geister auf. Verschiedene vibrierende »Rufe« würden ausgesandt, wenn der Sprössling, das Blatt und die Blüte der Reihe nach aufgebaut werden, und der entsprechende Baugeist komme dann herbei, um an den ihm zukommenden Aufgaben arbeiten zu können. Die verlorene Ganzheit wiederzufinden und die Einheit allen Lebens und seines göttlichen Ursprungs wieder ins Bewusstsein zu bringen, sei das Ziel. Gertrud Emde führte ihre Zuhörer auch ins Reich der Elfen und verwies auf ein Buch von E. L. Gardner »Elfen«, das »nachgeprüfte« Fotografien von Elfen enthalte. Es handle sich dabei um keine Fotomontagen.[23]

Ein weiteres Zeitungs-Echo

Wasser-, Baum- und Berggeister
Bei Parapsychologischem Interessenkreis über Naturgeister referiert
Versammlung am Dienstagabend im Zentralhotel

Deggendorf. »Wie war in Köln es doch vordem, mit Heinzelmännchen so bequem.« Sicher kennen die meisten diesen alten Kindervers und haben beim Vorlesen für die Kinder innerlich schon darüber geschmunzelt. Heinzelmännchen, Elfen und Zwerge – schöne romantische Kindergestalten. Doch am Dienstagabend stellte sich Frau Emde aus München im voll besetzten Saal des Zentralhotels hin und behauptete allen Ernstes, dass es solche Naturgeister wirklich gebe.
Es musste schon etwas Besonderes sein, dass sich die Zuhörer dieses Referat des Parapsychologischen Interessentenkreises in Zusammenarbeit mit dem Katholischen Kreisbildungswerk ruhig anhörten. Natürlich gab die Referentin selber zu, damit ein besonders heikles Thema ausgewählt zu haben. Aber immerhin würde seit der Antike von gehörnten Menschen und Tieren, Zwergen, Gnomen, Elfen gesprochen. Hier verhalte es sich ähnlich wie mit den Hellsehern. Auch hier müsse die Wissenschaft kapitulieren – oder zugeben, dass etwas Wahres dran sein könnte.

Man müsse natürlich zwischen Glauben und Aberglauben unterscheiden. Die Sagen und Märchen des Altertums aber ließen sich nicht so ohne Weiteres abtun. Könnte es nicht sein, dass wir nur in der Aufnahme zu beschränkt sind, um die wahre Wirklichkeit zu sehen? Viele Tiere wittern eine Atmosphäre, welche wir nicht mehr kennen. Wer in der Stille und Einsamkeit lebt, der bekomme wieder ein Empfinden dafür.

Naturgeister kämen in vielerlei Formen vor. So Wassergeister, Baumgeister, Berggeister und dergleichen. Gerade von Letzteren erzählen Bergsteiger immer wieder, es gebe Berichte, dass im Nebel auftauchende Gestalten vor dem Absturz bewahrten. Die Naturverbundenheit kommt darin zum Ausdruck, dass sie im Winter schlafen und sich nur im Sommer regen. In wenigen Fällen konnten Medien Fotos machen, in anderen bildeten Maler nach Angaben die Gestalten nach. Diese würden meist Strahlen und Nebeln in unwirklich schönen Farben gleichen.

Für die Menschen gebe es auch zwei Sorten von Geistern, gute und böse. Zu den Ersteren gehören auch die Schutzengel. Mit Gebeten könne man tatsächlich einen gewissen Schutz erlangen. In den Entwicklungsländern hätten sich die Menschen noch die Fähigkeit erhalten, solche verkörperten Naturkräfte zu erleben. Auch eine Reihe unserer alten Bräuche rührte davon her, die Umzüge und Prozessionen über die Felder, das Ausstecken geweihter Pflanzen und dergleichen. Die Wissenschaft müsse heute zugeben, dass es sogar für die Pflanzen möglich sei, drohendes Unheil zu erkennen oder andererseits auf freundliche Behandlung entsprechend zu reagieren. Eine Reihe von Büchern über dieses Thema ergänzte die Ausführungen von Frau Emde.[24]

Warum ich so viel vom »kleinen Volk« erzähle

Erst heute, nach mehr als 20 Jahren, weiß ich, wie wichtig es ist, diese weithin unbekannte Seite der Wirklichkeit ins Bewusstsein zu bringen, damit wir aus der Einseitigkeit der nur materiellen Weltsicht herauswachsen; damit wir die geistige Schöpfung anerkennen in ihrer ganzen Fülle und mit ihrer weitergehenden Gesetzmäßigkeit.

Warten wir nicht bis morgen! Heute, jetzt muss die Veränderung in Angriff genommen werden, um das lähmende Trägheitsgesetz aus allen Zellen des Körpers, der Seele und des Geistes auszutreiben: Bewusstseinserweiterung, aber in die richtige Richtung! Eben aus diesem Grund erzähle ich Ihnen meine vielen kleinen Erlebnisse.

Sie werden sich mit Recht fragen: Warum erzählt sie so viel vom »kleinen Volk« und kaum von den Engeln? – Der Grund: Bücher über Bücher gibt es zum Thema Engel. Ich erwähnte es schon. Frau Dr. Ströter-Bender interviewte mich, als sie das Buch »Engel, ihr Duft, ihr Gewand« schrieb. Und wir waren einmal als »Engelexperten« zur Fernsehaufnahme bei SAT1 in Berlin. Natürlich könnte auch ich über Engel Erlebnis an Erlebnis reihen. Aber wer nimmt sich der kleinen und großen Helfer und Wächter in der Natur an?

Das heute übliche christliche Verständnis reicht bis zu den Schutzengeln, dann ist Schluss. Auch aus diesem Grund führen die Naturwesen ein unverdientes Schattendasein. Dabei sind sie von unserer Liebe und Anerkennung abhängig. Weil das Miteinander in den Industrieländern heute nicht mehr so gepflegt wird wie bei den Naturvölkern, werden die helfenden Wesen vom »kleinen Volk« hier schwächer und schwächer. Oft reicht ihre Kraft nur noch für einen Notdienst in der Natur.[25]

Wissen Sie, was das für uns bedeutet? Der Lebensqualität, unserer Gesundheit wird geschadet. Eines Tages wird die Luft zum

Atmen, das Wasser zum Trinken, dadurch auch unsere Nahrung, so vergiftet sein, dass wir kaum mehr überleben werden, wenn sich nicht bald etwas im Bewusstsein der Menschen ändert.

Ich möchte behaupten, dass unser Verhältnis zur sichtbaren und unsichtbaren Schöpfung für unsere Zukunft auf Erden von ausschlaggebender Bedeutung sein wird.

Das Pilzwunder

Sie werden es nicht glauben: Mein Mut, einen Vortrag über Naturgeister zu halten, wurde belohnt. Ein unfassliches Geschenk wurde mir zuteil. Aber urteilen Sie selbst!

Wir hatten einen acht Meter tiefen Waldstreifen hinten in unserem Garten. Im Sommer nach jenem Vortrag, zur üblichen Pilzwuchszeit, passierte Folgendes: Der Waldboden bekam »Pocken«, merkwürdige Erhebungen. Am nächsten Tag schauten Hunderte Pilzköpfchen hervor, am darauf folgenden konnte ich sieben verschiedene – neue – Sorten unterscheiden, alle essbar, frei von Wurm- und Schneckenfraß: Bilderbuchexemplare. Nach einigen Tagen waren es viele Hunderte, ja Tausende, sodass man in unserem Waldstreifen kaum noch einen Schritt setzen konnte. Und das ging so weiter bis zum Spätherbst.

Aber das Unglaubliche war, dass das Phänomen auf unseren Garten beschränkt blieb! Von unseren Nachbargrundstücken waren wir durch einen ein Meter hohen Maschendrahtzaun getrennt, vom hinten angrenzenden großen Wald durch zwei Meter hohen Maschendraht mit einer Gartentür. Bisher hatte es bei uns je nach Pilzjahr ein bis sechs Parasolpilze gegeben, sonst nichts; im angrenzenden Wald wuchsen ganz wenige Täublinge und Winzlinge an verrotteten Baumstämmen und Wurzeln; wahrscheinlich waren sie giftig.

Und nun schossen plötzlich Hunderte, Tausende von Pilzen aus der Erde, dicht gedrängt exakt bis hin zur Maschendrahtgrenze. Kein einziger Pilz war auch nur einen Zentimeter in ein anderes Grundstück oder den Wald hinübergewachsen. Manche hatten ihre Kappen schräg gestellt, als wollten sie auf keinen Fall aus unserem Garten herausgeraten.

Mein Mann, die erwachsenen Söhne, deren Freunde und viele andere bestaunten dieses »Wunder«. Jeder wusste, dass Pilze nicht wie Blumen und sonstige Pflanzen ausgesät oder verpflanzt sein konnten – erst recht nicht in dieser Fülle und in solch exakten Abgrenzungen. Es waren auch keine Champignons oder Austernpilze dabei, die wir hätten züchten können.

Ich wurde erfinderisch. Täglich gab es Schwammerlgerichte: gebacken, gebraten, mit Zwiebeln, mit Eiern, mit unterschiedlichen Kräutern. Und die überdachten Terrassen waren mit geschnittenen Pilzen zum Trocknen übersät. Noch jahrelang hatte ich unsere getrockneten Pilze in Gläsern zur Verfügung.

Unsere Kinder machten, nach einer Gewöhnungszeit, Führungen für ihre Freunde und die von ihnen betreuten Pfadfinder. Ich konnte sie vom Fenster aus beobachten: zu Beginn forsches Marschieren durch den Garten bis zu unserem Waldstreifen, an dessen Rand still stehen; von dort – wie die Störche – vorsichtig in den Fußstapfen eines Führers durchs Pilzfeld zur einen und zur anderen Seite bis zu den Zäunen, sich umschauen, Verrenkungen, ob nicht doch wenigstens einer da oder dort beim Nachbarn zu sehen wäre – nichts! Man betrat den angrenzenden Wald durch die Gartentüre, schritt ihn großflächig ab – nur sehr vereinzelte minderwertigere Exemplare, sonst nichts!

Ich wünschte, ich hätte die Gesichter der vielen Besucher gefilmt: verträumt, ernst, nachdenklich, ein verklärtes, verstörtes Lächeln ... Nach dieser Exkursion war jeder verändert: Sie hatten etwas gesehen, hätten es anfassen können, was es eigentlich gar nicht geben kann.

Vielfältige Wirkungen und tiefe Dankbarkeit

Seit diesem Ereignis bekam ich eine gewisse Narrenfreiheit in der Familie zugebilligt. Die Haltung der Söhne hatte bis dahin der Devise entsprochen: »Jeder spinnt auf seine Weise, der eine laut, der andere leise.« Nun breitete sich eine respektvolle Anerkennung aus. Mein intuitives Malen wurde nun bewundert und gutgeheißen. Ich konnte sogar aus meinem »Tagebuch der besonderen Art« vorlesen, ohne dass verhalten gekichert oder gegähnt wurde; jeder hörte interessiert und aufmerksam zu.

In unserem Hauskreis wurde ich mehr und mehr nach meinen geistigen Erlebnissen, nach Einblicken in andere Seinsebenen gefragt. Es kamen Menschen in ausweglosen Lebenssituationen auf mich zu. Ich sollte helfen. Die Vortragseinladungen nahmen zu, die Themen wurden vielseitiger. Ich machte die Erfahrung und konnte mich darauf verlassen, dass mir der jeweilige Vortragsstoff kostenlos frei Haus geliefert wurde, sodass ich mich nicht auf inhaltliche Details vorzubereiten brauchte. Kam ich ein zweites Mal irgendwohin, waren doppelt oder gar dreifach so viele Menschen herbeigeströmt. – Mundpropaganda? Oder waren auch das Fügungen? Führungen?

Geht das alles »mit rechten Dingen« zu? Muss man da nicht zur Überzeugung kommen, dass jemand mit im Spiel ist, der diese Arbeit auf wundersame Weise – unsichtbar – unterstützt, dass es also eine geistige Welt gibt, geistige Wesenheiten, die im Namen Gottes die Menschen begleiten, fördern, inspirieren, wenn diese sich rückhaltlos als »Hilfsarbeiter Gottes« für Mensch und Natur zur Verfügung stellen?

Aber was mochte der konkrete Anlass für diese einmaligen und unerwarteten Pilzgeschenke gewesen sein? Wenn es das Werk von Naturwesen war, aus welchem Grund taten sie das?

Mir kam die Erklärung: Es war ein Dank der Zwerge und eine Ermunterung, diesen spirituellen Weg weiterzugehen. Ich hatte den Mut gehabt, in aller Öffentlichkeit vor vielen Menschen über diese wunderbaren Helfer in der Natur zu sprechen und ihnen das unsichtbare Geschehen und seine lebenswichtige Bedeutung auch für uns Menschen nahezubringen, ohne das es in der Natur kein Gedeihen gäbe.

Wer hat hier nun mehr Grund zur Dankbarkeit? Alles, alles, was zu Gottes Schöpfung gehört, hat seine geistige Betreuung, nicht nur der Mensch. Meine Ehrfurcht und Bewunderung ob der Weisheit und grenzenlosen Liebe – und meine Dankbarkeit nahmen mit jedem Erlebnis zu.

Wollen nicht auch Sie, liebe Leserinnen und Leser, sich dem Himmel anbieten, um auf der Erde bei Veränderungen zum Besseren hin mitzuwirken? Sie glauben nicht, welche Hilfen Sie dabei erfahren werden. Muss es in dieser Welt immer noch mehr bergabgehen? Wie wunderbar, wenn Sie sich mit aufmachen würden!

Machen Sie den Himmlischen eine Freude, fassen Sie den Entschluss: »Ich will mein Leben verändern, an mir arbeiten, damit ich tauglicher werde für den Dienst Gottes in meinem persönlichen Umfeld. Wie jeder Mensch, so habe auch ich meine besondere Zusammensetzung, meine Begabungen: Lieber Gott, zeig mir, wo und wie ich für dich arbeiten kann, damit es nicht düsterer, sondern geistig heller auf der Erde wird. Lieber Gott, mir ist es ernst. Ich möchte in die Gesamtwirklichkeit, in die All-Einheit und in diese erweiterten, universellen Gesetze hineinreifen. Gib mir bitte die entsprechenden Begleiter, Betreuer aus Deinem Reich der Liebe, Weisheit und Gerechtigkeit, die mich führen und inspirieren. Im Kleinen beginnt das Große. Gib mir Ausdauer, Mut und, wo nötig, die passenden Worte, damit ich andere aus ihren Träumen, aus ihrer Lethargie, aus ihrer materiellen Orientierung herausreißen kann.«

Die Phänomene des Pilzwunders waren zu besichtigen und anzufassen gewesen. Man konnte sie also nicht wegdiskutieren. Die Pilze konnte man sogar essen. Nie mehr sind mir so köstliche Schwammerlgerichte gelungen wie damals. Es lag nicht an der Zubereitung, sondern an der »Zwergen-Qualität«.

Sie werden sich fragen, wie es im nächsten Jahr in unserem acht Meter tiefen Waldstreifen aussah? Ein begrenzter kleiner Teil der Pilze war noch stellenweise vorhanden, wie zur Erinnerung. Die Parasolpilze kehrten nicht mehr zurück, dafür erschienen Habichtspilze. Im darauffolgenden Jahr wuchs in jedem Blumenbeet ein farbig leuchtender Pilz: rot, gelb, grünlich, bläulich. Ich ließ sie stehen. Es blieb bei dem einen Pilz pro Beet. Sie standen dort über viele Wochen, dann waren sie verschwunden, buchstäblich in nichts aufgelöst.

Ermunterungen aus anderen Federn

Nicht fort sollt ihr euch entwickeln,
sondern höher hinauf.
Friedrich Nietzsche

Traurig fürwahr, dass die Menschen
das Nahe nicht sehen und die Weisheit
in der Ferne vermuten – wie jemand,
der von Wasser umgeben ist und doch
laut schreit vor Durst.
Haknin Zenji

Was ihr einmal begriffen habt, daran haltet fest.
Taucht tief hinab. Wenn ihr nicht hinabtaucht,
werdet ihr keine Schätze auf dem Meeresgrunde
finden. Ihr könnt sie nicht erlangen,

wenn ihr nur einfach auf der Oberfläche
des Wassers herumschwimmt.

Ramakrishna

Wunder stehen nicht im Widerspruch zur Natur,
sondern im Widerspruch zu unserem Wissen
von der Natur.

Augustinus

Gehe Wege, die noch niemand ging,
damit du Spuren hinterlässt.

Antoine de Saint-Exupéry

Es gehört immer etwas guter Wille dazu,
selbst das Einfachste zu begreifen,
selbst das Klarste zu verstehen.

Marie von Ebner-Eschenbach

GEISTIGES LEBEN IN VIELERLEI GESTALT

Leben in Steinen

Vielleicht haben Sie Bedenken, wenn die Rede auf das »Leben« eines »leblosen« Steins kommt. Gemeinhin denken wir, die Lebensäußerungen beginnen doch erst bei Pflanzen und Tieren. Wir haben dabei aber nur die sichtbaren Lebensäußerungen im Sinn und denken nicht an Geistiges, das vielleicht mit dieser unbeweglichen Materie verbunden ist.

Vieles wird im wahrsten Sinne des Wortes achtlos mit Füßen getreten. Einmal ist es unsere Seele, ein anderes Mal die wunderbaren unterschiedlichen Steine. Sollten wir sie nicht stattdessen öfter bewundern? Vielleicht haben sie wirklich eine Lebendigkeit, die wahrgenommen und geachtet werden will.

Steine, ihr habt Augen,
und wie wenig könnt ihr sehen.
Liegt da wie reife Trauben,
könnt ihr die Welt verstehen?
Wie lang noch müsst ihr warten,
bis ihr euer Ich erkannt,
an Straßen, Strand, im Garten ...
und seid doch auch in Gotteshand.

Tausende Jahre müssen vergehen,
bis ihr die Welt und euch könnt verstehen.

Langsam ist alles Reifen, Begreifen ...
Übt das Stillehalten, ihr Zarten,
ihr werdet es immer brauchen.
Irgendwo sind wir alle am Warten
und möchten nicht tauschen.
Einmal werden alle Gott und die Welt verstehen,
wir doch alle den Erlösungsweg gehen.

Vielleicht können Sie sich eher mit dem Gedanken anfreunden, dass mit dem »Leben der Steine« ein »Leben in den Steinen« gemeint ist, dass also geistige Wesen, die am Anfang ihrer Entwicklung stehen, an die Steine gebunden sind, um als Erstes ein bloßes Dasein in der Materie zu erfahren.

Immerhin sind manche Menschen in der Lage, bei Berührung eines Gegenstandes Aussagen zu machen über dessen Vergangenheit.[26] Dies weist darauf hin, dass etwas Unsichtbares mit einem Stück lebloser Materie verbunden sein kann, das eine eigene Geschichte hat, wie ein Individuum.

Der Gedanke an ein Leben in der Materie wird leichter annehmbar, wenn man sich als Christ daran erinnert, dass die ganze sichtbare Welt ja zur Schöpfung Gottes gehört, also aus Gott hervorgegangen ist. Bitte versuchen Sie, dem selbst nachzuspüren und Ihre eigene Überzeugung wachsen zu lassen.

Ein Ausflug ins Pflanzenreich

Dass Pflanzen leben, dürfte wohl jedermann klar sein. Können wir ihr Leben auch fühlend erfahren? Haben Sie sich schon einmal an einen Baumstamm gelehnt, die Augen geschlossen und zu lauschen begonnen?

Bäume
bergen Träume
von Jahrhunderten.
Bewahrt in Stamm und Zweigen,
möchten sie dir vielerlei zeigen.
Die Blätter kommen und gehen
und können nicht viel verstehen,
aber der Elf ist auf der Wacht
bei Tag und Nacht
und kann dir erzählen.
Allein von den Vögeln wär zu berichten stundenlang,
von den Insekten und Tieren am Hang,
lieber noch von Zwergen, Kobolden und Elfen,
auch von Feen: In farbigen Reigen
sie sich in stillen Stunden zeigen
und korrespondieren mit Steinen und Zweigen.
Viel erleben die kleinen Geister,
sorgen sie doch als richtige Meister
für Pflanzen, Tier
und Blumenzier.
Weit, weit gesteckt ist oft ihr Revier.

Der Tassilobaum in Wessobrunn, 1300 Jahre alt, ist eine besonders prachtvolle, mächtige Gestalt. Wir sehen uns in diesem alten Klosterareal bewundernd um.

Weit über tausend Jahre stehst du in Wind und Wetter,
du geliebter Baum.
Erlebtest Frieden und Kriege,
das Erblühen und Vergehen des Klosters wie im Traum.
Gabst Heimat und Schutz
nicht nur Mensch und Tier,
auch allen Schleierwesen,
die flüchten zu dir.
Wie von Gott Vater persönlich gesegnet
empfindet man deine Kraft.
Leichter wird der weite Weg, wie geebnet,
konnte man bei und in dir verweilen.
Die Gedanken wandern mit dir
durch die Jahrhunderte fort,
sehen das Geschehen,
was du empfandest immerfort.
Kurz ist ein Leben,
eine winzige Spanne Zeit,
verglichen mit dem Vorher,
und danach der Ewigkeit. –
Weit ist der Weg zurück in die Herrlichkeit,
alles ist Gnade, in Gottes Hand.

Von Liebe sprach der Baum, von Geduld,
Großzügigkeit, der Engel Huld,
Barmherzigkeit wird vom Himmel geregnet.

Und wie empfinden wir es, wenn wir werden gesegnet?
Ist durchlässig unser Ich,
wenn diese strahlenden Gestalten
aus der Liebe walten
und umfangen dich?
Leg' ab alle Sorgen in der Zeit,
wie der Baum,
fühl' dich in die Ewigkeit gebettet,
gib Gott in dir Raum, –
und alle weltlichen Wichtigkeiten,
aller Schmerz der Zeit,
verringern sich zu Nichtigkeiten,
siehst du so die Ewigkeit.

Denk an den Baum,
gib dich zurück und du bleibst stark,
hat nur das Göttliche in dir Raum.
Gesegnet mögen bleiben die Bäume,
damit sie erzählen den Menschen
und sie erkennen die eigentlichen Räume,
in die sie gestellt zum Bewähren,
zum Klären
ihrer Persönlichkeit
in der Zeit.

Was tun mit einem Baum,
der im Wege steht?

Nach unserem Hausbau in Ottobrunn hatte ich in unserem schmalen Vorgarten am Rande, wo keine Fenster mehr waren, unter anderem drei Silbertannen gepflanzt. Sie waren ein wunderschöner Anblick, leider nur für einige Monate. Zum ersten Advent, nachts, wurde eine gestohlen.

»Da ja kein Zaun vorhanden ist, sollten Sie so wertvolle Gehölze nicht vor das Haus pflanzen. Da hat sich eben jemand schon seinen Weihnachtsbaum gesichert ...«, das war der Rat der Polizei. Daraufhin pflanzte ich noch am selben Tag die zwei verbliebenen Tannen hinters Haus, seitlich in den Garten neben der großen Terrasse.

Jahre später hatte der eine eine zweite Spitze ausgebildet und so waren es wieder drei wunderschöne stattliche 3 bis 4 Meter große Bäume geworden. Nur: Sie waren inzwischen zu dicht an die Terrasse herangewachsen, drohten zu hoch zu werden, nahmen Licht. Ich fing an mit ihnen zu reden. »Was mache ich nur mit euch? Wir kommen ja kaum mehr vorbei zum Kellereingang, zum hinteren Garagentor. Muss ich euch fällen? Oder darf ich euch beschneiden?« Nach etwa zwei Wochen hatte ich so ein Empfinden: »Wir möchten bleiben, beschneide uns.«

Es war Anfang Mai. Die Silbertannen hatten überall ihre frischen hellen Triebe. Etwa um eineinhalb Meter reduzierte ich die Höhe und beschnitt rundherum alle Zweige mit der Versicherung, dass ich alles Abgeschnittene unter ihre Stämme verteilen und aus den frischen Trieben Tannenwipfelhonig machen würde. Ich bedankte mich bei ihnen und versicherte ihnen meine Liebe.

Sie sahen in diesem Jahr nicht schön aus, aber nirgendwo war ein Harztropfen an den Hunderten Schnittstellen zu finden, obwohl sie doch voll im Saft gestanden hatten. Nicht ein Zweiglein wurde welk.

Im nächsten Jahr – sie hatten wohl verstanden – wurden alle Triebe nur ein Viertel so groß wie früher und auf der Seite zur Terrasse bekamen sie seltsamerweise nur winzige Ansätze von Trieben – um Platz zu lassen zum Vorbeikommen.

Jahr um Jahr dasselbe. Sie wurden wieder wunderschön, aber, wie gesagt, sie wussten, auf was es ihren Menschenbetreuern ankam. Ich lobte sie in jedem Jahr aufs Neue. – Nicht nur die Menschen, auch Baumelfen sind intelligente Wesen.

Eine umfassende Sicht

Wollen wir uns wieder einem neuen Erlebnis zuwenden? – Das Jahr nach dem Pilzwunder in unserem Garten neigte sich dem Ende zu. Es war kurz vor Weihnachten. Die Kerzen am Adventskranz waren entzündet, eine tiefe innere Freude auf das heilige Fest ließ wieder eine Sicht in die erweiterte Wirklichkeit zu. Zwerge in allen Größen waren plötzlich um mich.

Ich staunte, denn sie tummelten sich in dem offenen Bücherregal, auf dem Klavier ... Aber ich war auch etwas irritiert: Was werden sie nachher für ein großes Durcheinander hinterlassen? Xaver lächelte verschmitzt und meinte, sie würden ja nur die Informationen aufnehmen von den vielen Steinen, die ich auf den Fensterbänken zwischen den Blumen und im Bücherregal ausgelegt hatte: Muscheln, Ammoniten, Versteinerungen, Kristalle aus den unterschiedlichsten Ländern, die wir von Urlauben mitgebracht oder geschenkt bekommen hatten.

»Bei dir ist es wie in einem Museum. Für Menschen müsste man alles aufschreiben, wir nehmen stattdessen das jeweilige Od[27] auf. In dieser geistigen Eigenstrahlung ist viel mehr, viel differenziertere Information enthalten als bei euch in einem Museum je sein könnte.« So würden seine Freunde unbekannte Länder der Welt kennenlernen, ohne hinreisen zu müssen. Er arrangiere öfter Führungen und Besuche für seine Freunde hier aus der Umgebung oder auch aus weiterer Ferne.

»Glaubst du, wir wären nicht an Weiterbildung interessiert? Dort zum Beispiel, der schöne Stein vom Ölberg« (ich hatte ihn kürzlich erst mitgebracht bekommen) »erzählt die ganze Lebens- und Leidenszeit Jesu. Wir brauchen keine Bücher, wir lernen auf diese Weise. Es ist gut, dass du so vielerlei gesammelt und herumliegen hast.« – Ich war fasziniert.

Im nächsten Moment hatte ich das Empfinden, draußen auf der Straße zu sein. Aus 10 bis 20 Meter Höhe sah ich das Geschehen im Haus, in jedem Raum gleichzeitig, konnte das Haus von der Nähe wie auch aus der Ferne betrachten, unseren Garten, den angrenzenden Wald in allen Details.

Interessant war, dass jedes Haus seine ganz spezielle Aura hatte, nicht nur unseres: das eine kleiner, stumpfer in den Farben, das andere groß, lebendig leuchtend – so viele Häuser, so viele unterschiedliche Strahlenkleider. Keines war nur entfernt mit einem anderen vergleichbar. Sollte die Zusammensetzung, das Verhalten der darin lebenden Menschen das Aussehen des Hauses im Geistigen bewirken?

Ich hatte schon einmal eine Sicht von der Ferne auf ein Großklinikum in einem wunderbaren Parkgelände gehabt. Selbst da waren große Unterschiede, obwohl doch eine Zusammengehörigkeit bestand. Ein Haus schien sich wie ein Juwel abzuheben. Es war verglichen mit den anderen nicht so groß, hatte aber eine große, licht-lebendige Aura. Später erfuhr ich, dass es das Haus für Naturheilweisen war.

Welchen Möglichkeiten reifen wir entgegen? Nennt man das eine um-fassende Sicht? Wird das unsere geistige Möglichkeit im Drüben werden? Wurde mir das gezeigt, um mir eine Ahnung zu vermitteln, was uns in unserer eigentlichen Heimat erwartet?

Wieder im Wohnzimmer vor dem Adventskranz konnte ich nur voller Ehrfurcht und Demut danken.

UMGANG MIT DER
EIGENEN SENSIBILITÄT

Die Fenster des Körpers
und der Seele

Welche Einflüsse können uns am Glücklichsein hindern und
sogar krank machen? Sicher kennen Sie den Satz: »Gedanken
sind Kräfte.« Was ist damit gemeint? Was geschieht dabei im
unsichtbaren Bereich?

Wir können uns den Vorgang bildlich vorstellen: Unsere Seele
hat Fenster. Einerseits haben wir Fenster zur materiellen Welt,
nämlich unsere Sinne, durch die wir Eindrücke aus dem sichtbaren Bereich in uns aufnehmen können – und wir haben Mund
und Hände, um unsere Gedanken in die Welt aussenden und in
die äußere Welt hineinwirken zu können, sei es im guten oder
schlechten Sinne.

Andererseits haben wir aber auch Fenster in die geistige Welt.
Durch sie können Einflüsse in die Seele hereindringen – und wir
können unsererseits mit unseren Gedanken und Gefühlen Kräfte, »geistige Energien«, aus uns herausschicken.

Nicht jeder vermag diese seine »Seelenfenster« zu öffnen. Bei
den einen bleiben sie das ganze Leben geschlossen. Bei anderen
sind sie von Geburt an offen oder sie gehen irgendwann auf; der
Mensch muss dann unbedingt lernen, diese Fenster auch bewusst zu schließen, damit keine ungewollten Einflüsse in ihn
eindringen.

Gefahr und Schutz bei offenem Seelenfenster

Wenn der Mensch schläft oder sonstwie sehr unaufmerksam ist, kann es geschehen, dass eine Energie ohne seinen Willen in den Menschen eindringt. Er hat dann unter Umständen seine liebe Not, von dieser Kraft wieder freizukommen.

Dazu eine Begebenheit als Beispiel. Ein junger Mensch berichtete mir: Er wacht mitten in der Nacht auf. Panische Angst befällt ihn, weil er sich nicht bewegen kann, ein unnatürlicher Druck auf den Brustkorb nimmt zu, jemand drückt ihm die Kehle ab. »Christus, Christus, Christus!«, ist das Einzige, was er in seiner Not denken kann. Der Druck lässt allmählich nach, er fühlt sich wieder wie sonst.

Wie schön und hilfreich, dass wir Tag und Nacht an jedem Ort der Welt diesen Retter zur Seite haben. – Als er sich wieder bewegen kann, macht der junge Mann Licht. Es ist lange nach Mitternacht; er hält in Stichworten alles fest, was er erlebt hat, um dann frühmorgens bei mir Rat zu holen.

Gedanken sind Kräfte

Es gilt das Gesetz: »Gleiches zieht Gleiches an.« Sobald ein Fenster offen ist, möchte gleich etwas in die Seele eindringen, was dem gleicht, was schon dort ist, was also dem Gemütszustand oder den Wünschen des Menschen entspricht. Wenn Sie zum Beispiel wütend sind und düstere, destruktive Energien aussenden, dann bekommen Sie, wenn das Fenster offen ist, in Fülle ebensolche negativen Energien zurück.

Das hat eine ganz einfache Erklärung. Könnten Sie sich vorstellen, dass das die zurückkehrenden Gedanken sind, die Sie vorher ausgesandt haben? Die zurückkehrenden Gedanken können sogar noch stärker sein als die ausgesandten, wenn ihre Gedankenkinder mit allen möglichen »Spielgefährten« zurückkommen. So schaukelt sich das »Spiel« immer weiter auf. Sie zimmern sich dadurch eine dunkle Höhle in Ihrer Seele, wo jedes Licht, jede Klarheit und Übersicht geschwunden ist.

In so ein dunkles Loch ist man schnell hineingefallen, der Ausstieg aber ist kaum zu finden und zu bewältigen. Es gibt das Rettungsseil, die Strickleiter, aber die ist nur aus dem Himmel erhältlich. Wir müssen bitten, rufen ... Auch da geschieht nichts von alleine.

Wir erkennen, wie wichtig es ist, seine Gedanken und Gefühle im Zaum zu halten. Denn alles, was wir aussenden, kann auf uns zurückkommen. Es wirkt nicht nur auf andere, sondern auch auf uns selbst.

Sensibilität heute

In meinen Begegnungen mit Hilfesuchenden erfahre ich immer wieder: Mehr und mehr Menschen werden heute feinwandiger, sensibler; sie haben geistige Erlebnisse, mit denen sie nicht zurechtkommen, und suchen Erklärungen und Hilfestellungen.

Da kann man den Betroffenen wie auch ihren betreuenden Therapeuten nur raten, sich an den Herrn der geistigen Welt zu wenden: »Lieber Gott, hilf, dass sich unsere begrenzten Sinne weiten, dass wir starke Begleiter aus dem göttlichen, lichten Bereich zur Seite bekommen, die uns behilflich sind bei allem, was wir erleben, denken und tun.«

Diese Rückverbindung zur höchsten geistigen Instanz, die echte re-ligio, ist der wichtigste Grundpfeiler einer umfassenden Gesundheitsvorsorge, wie ich schon an anderer Stelle ausgeführt habe.[28] Sie muss aber geübt werden, damit die göttliche Lebensenergie in alles Denken, Reden und Tun im Tageslauf einfließt und wir nicht von dunklen Energien vereinnahmt werden, die Ängste und Zweifel verursachen, was zur Depression und im schlimmsten Fall zum Suizid führen kann.

Natürlich möchten die sensiblen Menschen von solchen Bedrängnissen verschont bleiben. Denn in Wahrheit sind sie mit ihren besonderen Anlagen dazu bestimmt, zum Segen für ihre Mitmenschen zu werden.

KONTAKTE MIT VERSTORBENEN

Ein sensibler Bub und der Unverstand der Erwachsenen

Sie glauben gar nicht, was für ein Management man erleben kann, wenn man beginnt, sein Leben nach jenen höheren geistigen Leitsätzen neu zu orientieren. Davon hätte ich vorher nur träumen können, wie sich nun der Alltag wie von selbst weisheitsvoll zweckmäßig fügt.

Nicht immer wissen die Menschen mit solch einem Management aus der geistigen Welt in der rechten Weise umzugehen; sie verstehen es noch nicht besser. Das folgende Beispiel steht für viele solcher Missverständnisse:

Vor wenigen Wochen erhielt ich einen Telefonanruf von einer guten alten Bekannten: »Stell dir vor, Matthias soll Psychopharmaka nehmen und vorübergehend in die Jugendpsychiatrie eingewiesen werden.« Matthias ist der 12-jährige Sohn einer Freundin, ein feinsinniger, sensibler Bub.

Vorausschicken möchte ich, dass Matthias seine Kindheit auf dem Bauernhof seiner Eltern verbracht hatte. Dann war es zu Zwistigkeiten zwischen den Eltern gekommen, schließlich hatten sie sich scheiden lassen. Matthias konnte zunächst noch auf dem Hof bleiben, aber als der Vater wieder heiraten wollte und die neue Frau sein Kind ablehnte, musste Matthias zu seiner Mutter in die Stadt ziehen. Dort fehlten ihm aber die Tiere, der Traktor, das Landleben. Dieses Hin- und Hergerissen-Sein – so dachte sich die Mutter – sollte durch eine Gesprächstherapie beruhigt werden; darum kam er zu einer Jugendpsychologin in Behandlung. Was war nur geschehen?

Die Oma auf dem Bauernhof des Vaters war gestorben. Mit seiner Mutter fuhr Matthias zum Begräbnis. Auf dem Friedhof »hörte« der sensible Bub die »Stimme« seiner verstorbenen Oma, die ihn eindringlich aufforderte, zu den Tieren auf die Weide zu gehen. Seine Mutter wehrte ab: Er war doch so gut angezogen, der Leichenschmaus sollte bald eingenommen werden und so weiter.

Aber »Oma« ließ nicht locker und so entschied sich die Mutter, schnell mit ihm zu den Tieren zu gehen. Und was sahen sie? Ein Kälbchen hatte sich im Zaun verfangen. Ein kleines Tor war so unglücklich auf das Tier gefallen, dass es sich nicht daraus befreien konnte. Sicher wäre es bis zum nächsten Tag vor Schwäche gestorben; denn niemand wäre an diesem Begräbnisnachmittag auf die Idee gekommen, auf der Weide nach den Tieren zu sehen. Nun konnte es befreit werden und schleppte sich halb verdurstet zu seiner Mutter, die die kleinen Verletzungen mit der Zunge »behandelte«, während es trank. Zum Glück hatte sich das Kälbchen nichts gebrochen.

Wieder zurück in der Stadt, hatte Matthias dieses Erlebnis seiner Psychologin erzählt, die sofort entschied: Psychopharmaka und Einweisung in die Jugendpsychiatrie wegen Suizidgefahr. Dazu brauchte sie jedoch das Einverständnis der Eltern. – Erschrocken stimmte der Vater zu. Die Mutter weigerte sich standhaft, trotz Androhung der Psychologin, sie werde sie anzeigen, sollte etwas passieren.

Mehrmals konnte ich die Mutter darin bestärken, standhaft zu bleiben. Auch mit Matthias habe ich persönliche Gespräche führen können. Er ist ein wunderbarer, aufgeweckter Junge, dem ich alles erklären und begreiflich machen konnte, vor allem, dass er ganz gesund ist. Wir sprachen über die erweiterte Wirklichkeit.

Die »Toten« leben

Zum besseren Verständnis möchte ich nochmals ergänzen: Die »Toten« leben nach dem »Tode« weiter. In meinem vorigen Buch habe ich im Schlusskapitel viel über das Sterben und das Leben danach geschrieben.

Manchmal fühlen sich die Abgeschiedenen noch immer für alle Probleme in ihrer vertrauten irdischen Umgebung verantwortlich und möchten eingreifen, wenn etwas nicht gut läuft. Die gerade verstorbene Oma sah die Not des Kälbchens. An keinen anderen konnte sie im wahrsten Sinne des Wortes herankommen, nur ihr Enkel als sensibles Kind war von ihr beeinflussbar und hörte ihre dringliche Aufforderung.

Und deswegen soll er nun Psychopharmaka mit all den Nebenwirkungen nehmen? Vorübergehend als Suizidgefährdeter zu einer »Gehirnwäsche« in die Jugendpsychiatrie eingeliefert werden? Grausam, wie man von Amts wegen Kindern die Wahrnehmung der geistigen Schöpfung Gottes austreiben kann – aus Unkenntnis der großen weisheitsvollen Zusammenhänge, denen wir alle unterliegen.

Jetzt, in den großen Ferien, verbringt Matthias die Zeit auf einem Biobauernhof. Dort hat er wieder Tiere, die er mitbetreuen kann, und erlebt mit befreundeten Menschen die Gesamtwirklichkeit der Natur. Er weiß jetzt, dass er mich jederzeit anrufen kann, um über »unübliche Erlebnisse« zu sprechen, und dass er kein Wort darüber bei seiner Psychologin verlieren darf. – Ist das alles nicht sehr traurig?

Ich kann ihn sehr gut verstehen, weil ich einiges über die geistige Welt nicht nur aus meinem eigenen Erleben, sondern auch aus den Erfahrungen der vielen Menschen gelernt habe, mit denen ich im Gespräch bin.

Erlebnis mit einem Verstorbenen

Noch einen glaubwürdigen Bericht möchte ich hier wiedergeben, der das »Fortleben« betrifft. In unserem Hauskreis hatten wir eine sehr liebe, intelligente alte Dame. Ihr Mann war gestorben. Die Trauer war unermesslich, weil sie glaubte, sie würde ihn nie wieder sehen. So viel hatten sie miteinander durchlebt und eine glückliche Ehe in gegenseitiger Liebe und Hochachtung geführt! Immer wieder sprachen wir im Kreis darüber, dass jeder Verstorbene weiterlebt. Er hat ja nur den Körper abgelegt. Die Persönlichkeit, das Gotteskind, findet seinen Weg in die eigentliche Heimat. Natürlich ist es eine andere Schwingungsebene oder Dimension, aber wir würden ja eines Tages ebenfalls dorthin gelangen und uns wieder begegnen. – Aber sie konnte es nicht glauben.

Und dann, nach Wochen, geschah Folgendes: Sie war in ihrem Lehnsessel im Wohnzimmer halb eingenickt, da sah sie vor sich einen leuchtenden Lichtpunkt. Der Punkt vergrößerte sich, wurde zu einem Ring, und in dem Ring erschien ihr geliebter Mann. Sie glaubte zu träumen, aber als ihr Mann aus dem Ring zu ihr heraustrat, war sie sofort hellwach. Sie konnte es nicht fassen, ihren Mann leibhaftig wiederzusehen, nahm seine Hand, als er sie streichelte, drückte sie und kniff hinein, um sich zu überzeugen, dass dies alles keine Halluzination sei. Sie konnte ihn spüren, drücken und lieb haben.[29]

Schließlich löste sich seine Gestalt wie ein Nebel auf. Es blieb noch ein Schein, dann war auch der verschwunden. Nur das nicht beschreibbare Glücklichsein verblieb ihr, die Dankbarkeit für dieses im wahrsten Sinne des Wortes »Lebens-Zeichen« ihres geliebten Mannes. Können Sie sich vorstellen, wie wir alle im Kreis uns für sie freuten und ebenso dankbar waren?

Inzwischen ist auch sie hinübergegangen. Wie glücklich wird sie jetzt erst sein. Das Band der Liebe kann nie reißen. Das Band des Hasses genauso nicht. Darüber sollten wir nachdenken und möglichst zu Lebzeiten alles versuchen, Negatives aufzulösen und alles zu bereinigen, sodass wir danach frei und unbelastet unseren Weiterweg antreten können.

Um nicht missverstanden zu werden: Herbeizitieren sollten wir die »Toten« nie. Sie haben einen anderen Weg zu gehen. Versuchen Sie den Unterschied zu erspüren durch diesen Tatsachenbericht. Vor spiritistischen Praktiken kann ich nur warnen.

SCHUTZ VOR NEGATIVEN GEISTIGEN EINFLÜSSEN

Gibt es auch bösartige Wesen?

Ich möchte hier einige grundsätzliche Bemerkungen einfügen. Natürlich stehen die Arbeiter in den Naturreichen sozusagen »hierarchisch an der untersten Stelle«, aber im Geistigen, in der göttlichen Ordnung sind Gleichwertigkeit und absolute Hochachtung allgemein gültige Grundprinzipien. Hier gibt es keine Herrscher und Knechte. Keine Aufgabe ist weniger wert als die andere. Man begegnet sich mit Respekt, höflich, liebevoll. Minderwertigkeitskomplexe sind unbekannt. »Ein-Klang« ist das Zauberwort. Eine Leuchtspur aus Liebe durchzieht diese Welt vom Kleinsten bis zum höchsten Haus. Absoluter Verlass, absolute Treue, absolute Wahrhaftigkeit herrschen überall.

Schwer für uns zu glauben? Aber wollen wir uns nicht selbst auf diesen lichten, himmlischen Weg begeben, wo Neid, Eifersucht und Rechthaberei Fremdworte sind? Dann sollte uns doch klar sein, dass man dazu alle Eigenschaften der dunklen Welt, des teuflischen Herrschaftsbereichs, ablegen muss.

Wir sollten uns immer wieder die Frage vorlegen: Wer sind wir? Woher kommen wir, wohin wollen wir? Warum lassen wir uns so oft von diesen wesentlichen Lebensfragen ablenken? Es gibt eben auch negative geistige Einflüsse, Einflüsterungen, die uns von unseren guten Absichten abbringen wollen. Dabei sind dann Wesen der dunklen Seite im Spiel. Bieten wir den dunklen Verführungskünsten die Stirn: »Nein, mit mir ab heute nicht mehr!« – Kompromisslos, hellwach sein und das Steuer in die Hand nehmen: »Ich lasse mich nicht mehr negativ beeinflussen!«

Wie sehr spielt die Unterscheidung der Geister eine Rolle in der heutigen Zeit. Es gibt die »teuflische Intelligenz«, ob durch Menschen an mich herankommend oder durch Einflüsterungen ... -»Nein, ich habe von Gott das Herz und den Verstand bekommen. Hier ist mein Halt. In Verbindung mit den Himmlischen kann ich die schwierigste Wegstrecke schadlos für Körper, Seele und Geist im Leben bewältigen.« Werden Sie also mündig, eigenverantwortlich! Sie werden letztlich auf diesem Wege glücklicher sein.

Sie fragen sich jetzt vielleicht, ob es den Teufel, einen Widersacher Gottes, und sein Gefolge wirklich gibt. Warum lässt der allmächtige Gott so etwas zu, wenn er doch die Liebe ist?

Nein, es gibt kein absolutes, ewiges Böses, sondern nur Wesen, die sich vor Urzeiten im Missbrauch ihrer Freiheit vergangen haben und noch nicht den Willen zur Umkehr aufbringen. Auch sie werden sicher irgendwann einmal - wie im Gleichnis vom verlorenen Sohn - den Weg nach oben finden. Wir können ihnen durch unser Verhalten sogar dazu den Anstoß geben.

Auch Naturwesen stehen auf unterschiedlichen Stufen

Zum vorher Gesagten muss ich noch etwas ergänzen: Im geistigen Bereich gibt es viele Entwicklungsstadien. Kennen Sie den Ausdruck »Giftzwerg«? Ich sah so eine Sippschaft tief unter einer Baumwurzel; sie stritten sich, dass die Fetzen flogen - grässlich! Und ich wusste in einem Moment: Es gibt in diesen unsichtbaren Bereichen auch unterentwickelte Wesen.

Aus solchen unterschiedlichen Schwingungsebenen rekrutieren sich zum Beispiel die Foppgeister, die den Menschen und allem

Leben in der Natur Schaden bringen möchten. Sie verstehen es noch nicht besser. Irgendwann werden sie lichter werden, sich weiterentwickeln. Auch ein menschlicher Verbrecher kann nicht so leicht seine schlechten Triebe beherrschen.

Alles ist der Reifung unterworfen. Mit der Zeit kommt jeder zu einem besseren Verständnis. Erfahrungen und neue Lebenssituationen führen sichtbare und unsichtbare Wesen in die Wandlung – zum himmlisch Lichten hin. Weisheit und Liebe wirken im Himmel und auf der Erde. Später, wenn Sie aus der materiellen in die geistige Ebene wechseln, werden auch Sie diese kleineren und größeren Wesen erleben. Sie gehören zum Alltagsgeschehen dazu!

Die Prüfung der Geister

Wie ich schon erwähnte: Wir haben hier auf der Erde auch die Geister der »Gegenseite«. Sie beobachten uns ununterbrochen; Täuschung, Verführung durch niedere Wesen sind überall gegenwärtig. An uns liegt es darum, beobachtend, achtsam zu handeln – eben: die Geister zu unterscheiden.

Wir sind die Kinder des höchsten Geistes, sind diesen Kräften hier nur vorübergehend zur Bewährung ausgesetzt. Nie kann uns darum wirklich Schaden zugefügt werden. Aber es ist sinnvoll, sich mit den erweiterten Gesetzen anzufreunden, immer initiativ zu sein, um den rechten Kurs durch die vielfältigen irreführenden Einflüsse halten zu können. Immer wieder ist zu fragen: Was ist die echte re-ligio (Rückverbindung)? Was bedeutet sie für mich persönlich? – Ist es nicht auch spannend, sich immer wieder mit diesen Grundsatzfragen zu befassen? Etwas zum Überdenken, was hierzu vielleicht passend ist:

Schein trügt den Blick im erdnahen Bereich –
Schleierwesen spielen und lösen sich gleich –
Hast du nicht Gottes Zauberring an deinem Finger?
Eine Drehung – und wie auf ein unhörbar Signal –
siehst du die Wirklichkeit in diesem Tal –
das wahre Gesicht
der Schleierwesen spricht ...
Und oft, was sich vorher in Glanz und Flitter gehüllt,
(vielleicht hat es eine Sehnsucht gestillt)
zeigt sich dir nun armselig und grau,
fern von Herrlichkeit und Flittertau ...

Habe Mut – geh weiter –
breiter wird der Weg,
lichter, leichter jeder Steg,
und erneut wird sich dir zeigen
strahlend Gold- und Silberglanz ...
Prüfe – dreh den Zauberring erneut,
betrachte – achte fein auf das Gescheh'n ...
diesmal bleibt es, nichts braucht zu vergeh'n –
Herrlichkeit – Wahrheit ist erst dort, –
weit entfernt vom Menschenort ...

Doch höre die Sucher,
die mahnenden Rufer:
Versuch's zu verstehn ...
geh in dich und hör auf die Stimme –
Gott ist fern und nah zugleich ...
die Schwingung macht es in dir und in Seinem Zauberreich,
das Erkennen und Versteh'n,
das in die Tiefen deiner Seele Geh'n ...

Es geht um die Unterscheidung der Geister. Mögen die Schutzengel merken, dass wir uns immer aufs Neue hierum bemühen. Im tiefsten Inneren ist es ja in uns verankert. Lassen wir unsere Schätze zutage treten, sie warten darauf, gehoben zu werden. Mögen wir mündig werden, selbst nach den Schätzen graben, die all-gültigen Bestand haben und so wertvoll und wichtig für unser kostbares Sein sind.

Schutz vor Dämonen

Die Energien kann ich auch als etwas Wesenhaftes ansehen. Es ist dieses Dämonenhafte überall auf der ganzen Welt. Es kann und darf in uns eindringen und uns in Versuchung führen. Ich spreche gern symbolisch von der »leergefegten Hölle«.
Wir sollen und dürfen von ihnen versucht werden – und doch: Wir brauchen keine Ängste zu entwickeln, wenn wir von diesen Einflüssen wissen und uns vor ihnen schützen. Wie kann das geschehen?
Haben wir unser lichtes geistiges Kleid geschlossen, achten wir auf unsere Gedanken, dass sie geistig hell bleiben, dann kommt nichts an uns heran, nichts in uns hinein, was uns angreifbar machen oder geistig schaden könnte. Hierauf bin ich in meinem vorigen Buch näher eingegangen.[30] Auch Daskalos, der zypriotische Mystiker, sprach immer wieder von der Gedankenkontrolle, der Disziplinierung im Alltag, und empfahl zur Übung die »Tagesrückschau« am Abend als wirksames Mittel, um uns selber zu erziehen.
Solche Bemühung ist nicht nur hilfreich, sondern lebens-notwendend. Wir nehmen diese unsichtbaren Wirkkräfte, überhaupt die geistige Gesetzgebung viel zu wenig ernst. Aber wenn Sie an diese ungewohnte Arbeit gehen, dann können Sie aus jeder Labilität, dem Unwohlsein im Alltag, ins Wohlbefinden

hineinwachsen. Dankbarkeit, eine nie gekannte Harmonie, lässt sich so in der Seele erzielen.

Zugleich wird die Weisheit des Schöpfers im sichtbaren und unsichtbaren Bereich, die allumfassende Liebe der ganzen Schöpfung immer greifbarer. Im Laufe der Zeit werden Gefühle der Bewunderung und Ehrfurcht in Ihnen wachsen und Sie werden Ärger und Ängste hinter sich lassen.

Arbeit an sich selbst – Kernpunkt geistigen Heilens

In der folgenden »Zuwendung« sind einige entscheidende Bedingungen für das geistige Heilen angesprochen:

Leihgaben sind uns von Gott zur Verfügung gestellt.

In tiefer Demut und Dankbarkeit, ehrfurchtsvoll sollten wir sie in Gebrauch nehmen, uns neigen vor dem Schöpfer und seiner Helferschar, die uns eine voll funktionierende Natur zeigen, uns mitten hineinstellen und auffordern, in dieser Haltung als höchstes Geschöpf uns ihrer zu bedienen, sie verwalten und gestalten zu helfen.

Unser logisches Denkvermögen, gepaart mit einem christlichen Empfinden, sollte es möglich machen, uns hineinzuversetzen in diese weisen Gesetzmäßigkeiten der Natur und des Kosmos.

Hätten wir im Abendland die Ehrfurcht der Indianer vor allem Leben, die Bescheidenheit unserer Urväter, dann ständen wir heute nicht am Rande der Selbstvernichtung. Aber wer hindert uns, wenn nicht wir selbst, am Erkennen unserer Situation? Wissen haben wir erworben und die

*Weisheit verlernt. Eine Fülle von Kenntnissen ist uns eigen,
doch die Erkenntnis der großen Zusammenhänge ist
verloren gegangen. Nicht eine Schulgattung oder sonstige
Institution, weder staatliche noch kirchliche, werden dem
Einzelnen helfen, richtig in geweitetem Sinne zu leben,
sondern nur die Rückverbindung des Menschen selbst,
die Bewusstseins-Veränderung:
Ich bin in erster Linie ein Kind meines göttlichen Vaters.
Sollte ich nicht wieder lernen, meinen Geschwistern die
Hand zu reichen, mich persönlich zu bemühen auf
dem Wege zu Gott, mich mehr anzustrengen?
In der Stille, nicht im Trubel der Konsumgesellschaft,
kann ich zu dieser kindhaften Zwiesprache finden
und zu einer besseren Führung.
Und habe ich mich überwunden, lebe ich wieder mehr aus
der Mitte heraus, kann ich vor allem durch mein Vorbild
andere auf diesen glückhaften Weg weisen, vielleicht ohne
viel Worte. Nur durch mein Beispiel der größeren Zufrie-
denheit, des besseren Bewältigens der Lebenssituationen,
die an mich herankommen. Ich bin ja nicht allein, ich habe
meine Engelgeschwister an der Seite, ich habe ein feineres
Gespür bekommen, zu unterscheiden, was gut und wichtig
bzw. belanglos oder hinderlich ist auf dem Weg zurück in
unsere wahre Heimat.
Jeder ist doch nur eine verhältnismäßig kurze Spanne Zeit
in dieser materiellen Welt. Länger, viel länger wird
das Leben danach werden. Ist es darum nicht vernünftig,
mich um diese größeren Lebenszusammenhänge zu
bemühen?*

Dies sind Gedankengänge, Anregungen, die ich zu realisieren versuchte, die mich hilfsbereiter, liebender werden ließen, die mich zu immer intensiverer Kommunikation mit den lichten Gestalten brachten. Geborgenheit in jeder Phase meines Lebens ist das Resultat, ein Hinzugewinn an Erkenntnis der großen Zusammenhänge unseres Daseins und ein Dankgefühl nie gekannten Ausmaßes ist die Folge.

Demut wurde wieder in meine Seele gesenkt, dieses kindliche Staunen, Bewundern und Verstehen. Und so floss es mir in die Feder:

Vater, Dir will ich mit allem, was ich bin und habe,
gehören. Dienen möchte ich Dir und den Nächsten lieben
wie mich selbst.
Wirst Du es mich wissen lassen, wo ich noch an meiner
Überwindung arbeiten muss, um Dir ein brauchbares
Werkzeug zu werden? Gib mir immer Deinen Segen,
damit ich leichter meine Schwächen erkenne und an ihnen
arbeite. Und hilf mir durch Deine lichten Gestalten,
damit schon meine Gedanken nur Helles, Leichtes und
Heiles entstehen lassen ...
Neigen möchte ich mich in Demut vor Deiner Größe und
Allmacht, vor Deiner unendlichen Weisheit und Liebe.
Gib mir die Kraft, nur Gutes zu tun, damit dieses
urchristliche Verständnis wieder zu wachsen beginnt
und Dein Sohn an uns Menschen nicht verzweifelt ...

Entwicklung in Fröhlichkeit

Nach den vorhergehenden ernsten Ermahnungen ist nun ein Impuls zur Fröhlichkeit gut.

Im sichtbaren und ebenso im unsichtbaren Bereich ist alles in der Weiterentwicklung. Auch das Böse wandelt sich, wird irgendwann zum Guten, Lichten. Darum haben wir allen Grund, dankbar und guten Mutes zu sein.

Sollten Sie sich nicht öfter Gedanken über den Sinn, die Lernaufgaben Ihres Lebens machen? Dieser Entschluss wird alle Ihre geistigen Freunde, Bekannten, Verwandten begeistern und vermehrt auf den Plan rufen. Im Namen Gottes wird Ihr Entwicklungsprozess fortschreiten und jeder Tag seine Erfüllung finden. So werden auch Sie in tiefster Seele wirklich froh und glücklich werden.

Johann Wolfgang v. Goethe meinte im Prinzip das Gleiche, als er sagte: »Über allen anderen Tugenden steht eines: das beständige Streben nach oben, das Ringen mit sich selbst, das unersättliche Verlangen nach größerer Reinheit, Weisheit, Güte und Liebe.«

Auch in meinem »Tagebuch der besonderen Art« finde ich die Ermunterung:

Auf Frohsinn deine Saiten stimm',
nimm, o Spielmann, deine Geige,
lass sie singen, klingen, jubeln.
Spiel nur auf zum Heile!

Traurigsein bereitet Pein
dir und all den andern vielen.
Nur zu Frohsinn deine Saiten stimm',
drum lass jubeln sie und klingen.

Halten Sie mich nicht für allzu penetrant, wenn ich immer wieder auf die echte re-ligio, die Rückverbindung mit dem Göttlichen, zu sprechen komme. Es ist so wichtig, konstruktive Gespräche mit anderen Menschen zu pflegen. Aber auch die Tiere und Pflanzen verdienen die gute Beziehung. Und die Unsichtbaren ...?

Ich habe mit der Waschmaschine geredet, ob ich unser Geheimnis ausplaudern darf, – damit sie sich nicht übergangen fühlt. – Xaver war sofort damit einverstanden, dass ich einiges über ihn preisgebe. Wir sind ja unverbrüchliche Freunde. – Später werde ich über ermordete Häftlinge aus dem Ottobrunner Konzentrationslager berichten. Auch sie möchten, dass ihre Botschaft verbreitet werde, dass die Menschen überall mithelfen, die gequälten und geschundenen Seelen durch Gespräche und gemeinsame Gebete von ihren Hassgefühlen zu erlösen und sie zum Verstehen, zum Verzeihen zu bringen, damit auch sie schließlich wieder Freude erleben können.

Ein Leben im Glücklichsein wartet doch auf uns alle. Von unserer Offenheit, unserem Verständnis und unserer achtsamen, liebevollen Zuwendung zu jedem Lebendigen hängt es letztlich ab, wann wir diese Seligkeit erreichen.

IM UMFELD DER ERDE

Eine geistige Sicht auf die Erde

Zwei Sichten haben mich motiviert, intensiver meinen Weg, meine eigentliche Aufgabe im Leben zu suchen, zu finden und zu verfolgen. Die erste Sicht liegt viele Jahre zurück. Es war die Zeit, als die »Grenzen des Wachstums« erstmalig ins öffentliche Bewusstsein getreten waren:

Weit im Weltraum sah ich die Erde wie einen kleinen strahlenden Globus unter mir. Ich freute mich über den wunderschönen Anblick meines Heimat-Himmelskörpers. Aber was geschah? Er wurde dunkler und dunkler; mehr und mehr verhüllten ihn dichte Nebel. Um Gottes willen, ein Weltuntergang? Was geschieht mit meinen Lieben zu Hause? Ich bin so weit entfernt! Angst und Ratlosigkeit überkamen mich.

Plötzlich war ich Winzling umgeben von »Mächten und Gewalten«. Nie hatte ich mir über diese Worte aus der Bibel Gedanken gemacht. Es waren große strahlende Gestalten, man spürte ihre würdevolle Größe und Stärke. Ich ahnte ihre Aufgabe: »Wir stehen bereit, beobachten weiter und werden eingreifen, wenn Gott uns ruft.« Erschüttert nahm ich im Innersten wahr: »Auch du wirst gebraucht, um dem teuflischen Spiel auf der Erde etwas entgegenzusetzen.« Dann war ich wieder in meinem Zimmer.

Nachgedanken

Diese Schauung ließ mich nicht mehr los. Ich stellte meine Betrachtungen an und machte mir meine Gedanken:
Verkümmern nicht die Seelen der Menschen in der gegenwärtigen hektischen Welt? Wer macht es sich noch klar, ein Gotteskind zu sein? Eine lichte geistige Heimat zu haben, aus der wir kommen, um uns hier zu bewähren, Erfahrungen zu sammeln, um unsere Seele zu bereichern, um schließlich wieder dorthin zurückzukehren, von wo wir einst ausgegangen sind – hoffentlich mit guten Früchten ...?
Wohl ist es jedem geläufig: Auf diesem schweren Erdenweg sind uns Gebote als Geh-Hilfen überliefert: »Du sollst Gott über alles lieben und deinen Nächsten wie dich selbst.« – »Trachte zuerst nach dem Reiche Gottes, und das andere wird dir hinzugegeben.«
Aber werden diese Leitsätze von jedem noch als verbindlich anerkannt – heute, in unserer hoch entwickelten Zivilisation? Haben wir nicht bisher unser Augenmerk in erster Linie auf die sichtbare Umwelt und unseren Körper gerichtet, den wir doch nur während unserer Erdenzeit bewohnen? Verlangt nicht vielmehr unser eigentlicher Wesenskern mehr Beachtung, unsere Geistseele, die nur vorübergehend mit dem Körper verwoben ist, aber über den Tod hinaus weiterlebt? Vernachlässigen wir nicht eventuell diese unsere eigentliche Persönlichkeit?
Das waren so meine Gedanken. Und wie die Zu-Fälle es so wollen: Es kamen Anfragen auf mich zu, ich wurde um Vorträge gebeten. Sollte das meine Berufung werden: in der Zukunft geistige Lichtakzente zu setzen, das Wirken Gottes, der Engel, die erweiterten Naturgesetze, die unsichtbare Wirklichkeit als erlebbar aufscheinen zu lassen? Diese Aufgabe im Dienste Gottes erschien mir von Jahr zu Jahr sinnvoller. Heute macht sie mich glücklich, zufrieden und sehr dankbar.

Eine zweite Sicht

Monate später hatte ich die zweite Sicht. Ich befand mich wieder im Weltraum. Merkwürdig: Die Erde hatte Öffnungen – dunkler Rauch entwich. Ich wusste: Das ist unnatürlich. Ich spürte: Es ist nicht im Sinne Gottes. Dabei sah ich die Druckwellen der unterirdischen Atombombenversuche, die Hohlräume in der Erde infolge unserer Ausbeutung der Naturschätze und dadurch verursachte Erdbeben und Vulkanausbrüche.

Und ich vernahm: Jahrhunderte – Jahrtausende hätte die schwarze, schwere geistige Energie, die ich überall austreten sah, noch gebannt sein sollen. Durch die »Risse« konnte sie entweichen – und dient nun als willkommene, unerwartete Nahrung für Dunkelwesen. Ich sah, wie der Herr der Finsternis sein Reich mit eisernem Besen leer fegte. Alle, alles sollte auf die Erde und dort zum Einsatz kommen, um die Menschen in Versuchung zu führen, zu beeinflussen, von ihren guten Absichten abzubringen.

Aber zugleich war da die innere Gewissheit: Niemals kann uns jemand zu Fall bringen, wenn wir die Rückverbindung, die re-ligio pflegen, wenn wir uns bewusst machen, wer wir sind, woher wir kommen und wohin wir gehören.

In meinem vorigen Buch habe ich die vielerlei Möglichkeiten beschrieben, die uns helfen können, unseren Lebensweg beschützt, unterstützt, in Freude und Gelassenheit zu gehen.

Das Thema UFOs wird an mich herangetragen

In jenen Jahren hatten wir unsere erste VIA MUNDI-Tagung[31] im Kardinal-Döpfner-Haus am Domberg in Freising. Thema: »Christliche Spiritualität«. Mein Mann schrieb Frau Libora-Reif an und bat sie, einige Bilder aus ihrer reichhaltigen Sammlung für die parallel laufende Ausstellung »Spirituelle Kunst« zur Verfügung zu stellen.

Ich durfte sechs Bilder, die Tschang – ihr Geistführer – für die Ausstellung ausgesucht hatte, abholen. Eines zeigte drei unterschiedliche »fliegende Untertassen«. Waren das wirklich Flugobjekte von Außerirdischen? Spannend! Ich bat um Erklärungen, weil ich ja ihre Bilder gegebenenfalls zu erläutern hatte. Einige Zeitungsartikel über UFO-Sichtungen lagen bei, aber weder die Malerin noch Tschang lieferten einen Kommentar dazu.

Das Thema UFOs beschäftigte mich also weiter, denn bald sollte die Tagung und Ausstellung beginnen.

Eine Erklärung

Wieder kam ein Ausflug ins »Weltall« zustande. Ich glitt, eilte durch die Sternenwelten und sah schräg unter mir einen bewohnten Himmelskörper. Vegetation war vorhanden, für mich jetzt alles schwer zu beschreiben, ebenso die Wohnstätten. Nichts, aber auch gar nichts war vergleichbar mit materiellen Gegebenheiten.

Und es hieß: »Kannst du dir vorstellen, dass diese halbmateriellen Wesenheiten über Technologien verfügen, von denen ihr nicht einmal träumen könnt?« – Einige von ihnen hätten auch den Forscherdrang, die Abenteuerlust und gingen im Weltraum auf Entdeckungsreise. Ich solle an Kolumbus, Magellan denken ... Sie hätten die Fähigkeit, ihre Schwingung zum Beispiel den Erdverhältnissen anzupassen, und könnten dann für uns sichtbar werden. – »Reicht es dir für deine Bilderklärung auf der Ausstellung?«

Phänomen Kornkreise

Ein weiteres Phänomen, das bis heute nicht erklärt ist, sind die sogenannten »Kornkreise«. Dabei handelt es sich um ästhetisch schöne, kunstvolle Gestaltungen in Getreidefeldern von bis zu 200 Metern Ausdehnung, die dadurch entstehen, dass in scharf begrenzten Zonen die Halme niedergelegt sind, während sie in den übrigen Bereichen senkrecht stehen geblieben sind. Sie treten weltweit auf, gehäuft in England an alten heiligen Stätten, aber auch in vielen anderen Ländern. Meist entstehen sie nachts. Luftaufnahmen zeigen die enorme Vielgestaltigkeit und Schönheit der Gebilde.

Filme geben Berichte von Piloten wieder, die tagsüber das Gelände – zum Beispiel Stonehenge – passierten: Auf dem Hinflug war nicht die geringste Andeutung einer solchen Erscheinung festzustellen, aber auf dem Rückflug etwa eine halbe Stunde später (!) war ein großes, komplexes Gebilde zwischen zwei befahrenen Straßen nicht zu übersehen. In einem besonders eindrucksvollen Video ist sogar die Entstehung einer solchen »Formation« innerhalb von etwa fünf Sekunden dokumentiert unter Begleitumständen, die mir die Echtheit durchaus glaubhaft machen.[32]

Aberhunderte solcher Kornkreise sind entstanden: Fantastische Muster von unglaublicher Exaktheit; keine gebrochenen, nur gemäß dem Gesetz des jeweiligen Musters gebogene Halme sind sichtbar. Vielfältige Untersuchungen ergaben unterschied-

liche Messergebnisse im Inneren und außerhalb der niederge-
legten Zonen bezüglich verschiedener biologischer, physiolo-
gischer und physikalischer Eigenschaften an den Pflanzen, am
Boden und an den Menschen, die dort einige Zeit verbracht
haben. Von Menschenhand wären solche Phänomene im Korn-
feld nicht machbar.

Es gibt zwar von Menschen gemachte Imitationen, sei es von
Spaßvögeln, sei es von einfallsreichen Künstlern – vielleicht
auch von bezahlten Handlangern, um zu behaupten, dass all
dies nur Menschenwerk sei. Niemand von ihnen konnte jedoch
eine komplexe Formation innerhalb von Minuten oder gar Sekunden herstellen.

Wer sich intensiver mit dieser Phänomenologie beschäftigt,
kommt zu der Einsicht: Nein, offenbar sind hier Wesen aus der
Transzendenz am Werk und bemühen sich seit Jahrzehnten, die
Menschen darauf aufmerksam zu machen, dass es eine unsicht-
bare, belebte Wirklichkeit gibt. Aus der intelligenten geistigen
Wirklichkeit, die ja auch zur Schöpfung Gottes gehört, werden
Zeichen gesetzt.

In offiziellen Stellungnahmen wird alles getan, um solche Gebilde als Schabernack, entsprechende Berichte als Irrtum oder gar
Lüge hinzustellen, anstatt dieses Phänomen mit öffentlicher
Unterstützung sachlich zu erforschen. – Warum eigentlich? Wer
hat ein Interesse daran, dass diese Erscheinungen ungeklärt
verdrängt werden? Ähnlich ergeht es anderen »wunderbaren«
Vorgängen, Phänomenen. – Warum ereignen sich auch die
vielen Marienerscheinungen weltweit? – Mögen Sie selber nachsinnen ...

Wir leben in einer unglaublich spannenden Zeit. Gab es nicht
schon immer den Kampf zwischen den Dunkelmächten und
den Lichtkräften?

GEISTIGES LEBEN AUF
ANDEREN STERNEN?

Urbilder der Märchengestalten?

Seit langen Zeiten befindet sich eine Durchgabe in meiner Sammelmappe, die von Baronin Adelma von Vay,[33] einer im 19. Jahrhundert sehr bekannten und angesehenen ungarischen Sensitiven, übermittelt wurde. Sie soll vom Geist des Dichters Andersen stammen. Hier ein Auszug:

»Die Märchengestalten, von denen die Dichter auf Erden schreiben und träumen, sind Erinnerungen an Märchenwelten, aus welchen sie kamen. Von den Büchern: *Geist, Kraft, Stoff* und *Sphären zwischen der Erde und der Sonne*[34] wirst du bereits vieles vermittelt bekommen haben.

Weißt du, dass die Seelenelemente der Gesteine, Blumen, Lüfte und Tiere alle aufwärtsgravitieren zu ihrer Potenzierung und Vervollkommnung bis zum Einswerden mit dem Geiste und dem Hauche Gottes, um unsterbliche Geister zu werden? Dieses ist in den oben genannten Büchern erklärt.

Dass die Erde ein niederstehender Planet ist, das weißt du auch. Auf der Erde waltet die Sünde, die Fleischeslust. Sie ist noch von wilden Menschen, ja sie ist sogar von Menschenfleischessern bewohnt, sowie von wilden Tieren. Giftpflanzen gedeihen dort, was alles Folgen des Geisterfalles und Gegensatzes sind. Wenn du das weißt, wunderst du dich nicht mehr über das primitive Verhalten mancher Menschen. Daher sieht das Menschenauge auch infolge des groben Körpers die Elementseelen, welche die Natur beleben, nicht. Aber im Gedächtnis derer, die aus höheren Welten auf Erden geboren werden, lebt die Erinnerung an jene Gestalten fort und das nennt man bei euch ›Märchen‹.

Ich kam aus einer jener Welten, jener herrlichen Märchenwelt, zur Erde und lebe nun wieder auf solch einem Stern. Mögt ihr es glauben oder nicht und alles, was ich euch sage, für eine Fabel halten: Es ist doch so. Es gibt Welten, in welchen die Märchengestalten leben.

Die Sterne, die du so liebst, der Sirius und der Jupiter, sind solche Welten. Dort sind höhere Elemente der Pflanzen und Gesteine, Lüfte, Gewässer und Tierseelen, die ihrer Entwicklung und Potenzierung zum Einswerden mit dem Geiste entgegengehen. Keine Sünde des Fleisches, keine Menschen, aber Geistwesen. Alles ist geistig und doch so wahrhaftig.[35]

Die Gegenden auf jenen Welten sind jenen der Erde ähnlich, aber durchgeistigt. Keine Giftpflanzen, aber Bäume und Blumen, von Elfen bewohnt, Seelenwesen, die wir Bewohner dieser Welten sehen (können) und welche sich entwickeln sollen zur Vereinigung mit dem Geiste. Jeder Baum, jeder Strauch hat sein (für die dortigen Bewohner) sichtbares Lebewesen.

Das Geräusch der Äste ist ein süßes Plaudern, ein Lachen, ein Kosen. Oft durchströmt eine herrliche Musik wie Engelsharfenklänge die ganze Natur. Es ist unsagbar. Die Tiere in diesen Welten haben ein menschliches Antlitz, sie haben eine Sprache. Die dort lebenden Geister unterrichten sie.

Eine Erinnerung (an diese Wesen) sind auf Erden eure Faune, Waldfeen und Märchengestalten. In diesen Welten leben nur edle Tiergattungen, das Wilde und Kriechende ist überwunden. Es blieben nur das Lamm, das Pferd, der Hund, Gazellen, Rehe, Hirsche und wunderbare Vögel mit treuen Augen. Alle diese Lebewesen sind fromm und zahm und hoch entwickelt, wie es die Sage aus dem Paradies erzählt.«

Auch wenn Sie diesem Bericht nicht in allen Details folgen, können Sie sich doch vorstellen, dass viele unserer Sagen und Märchen durch hellsichtige und hellfühlende Menschen entstanden sind, die die darin vorkommenden geistigen Wesenheiten als wirklich erleben konnten.

In meinen Ordnern haben sich im Laufe der Jahre viele Berichte über Erlebnisse aus anderen Dimensionen angesammelt. Einen dicken Aktenordner habe ich von einem vor 25 Jahren schon hochbetagten Münchner bekommen, der mir die Erlebnisse seiner sensitiven Frau vermachte. Er wollte sie in wissende, verstehende Hände legen: Für ihn waren es heilende, heilige Schriften. Sie zeigen die erweiterte Wirklichkeit auf, und zwar ganz entsprechend, wie auch ich sie erlebe und in diesem Buch schildere und wie sie ebenso von anderen Autoren wiedergegeben wird. Kann das nun Zufall sein?

Es würde den Rahmen des Buches sprengen, alle diese wundersamen Berichte wiederzugeben, von denen jeder einzelne wie ein Märchen anmutet.

Auch manche bedeutenden Dichter hatten offenbar eine Sensitivität für übersinnliche Erscheinungen. Novalis schrieb: »Es liegt nur an der Schwäche unserer Organe und der Selbstberührung, dass wir uns nicht inmitten einer Feenwelt erblicken. Alle Märchen sind nur Träume von jener heimatlichen Welt, die überall und nirgends ist.«

Im gleichen Sinne meinte Goethe: »Wir wandeln alle in Geheimnissen. Wir sind von einer Atmosphäre umgeben, von der wir noch gar nicht wissen, was sich alles in ihr regt und wie es mit unserem Geiste in Verbindung steht. So viel ist wohl gewiss, dass in besonderen Zuständen die Fühlfäden unserer Seele über ihre körperlichen Grenzen hinausreichen können.«

Meere und Tiere in jenen Welten

Die Durchgabe des Geistes »Andersen« mit den Schilderungen aus seiner Welt, in der die Naturwesen für alle Bewohner sichtbar sind, ging noch weiter in Form eines Interviews. Vielleicht haben Sie bei manchen dieser Aussagen Ihre Zweifel. Aber zumindest wird man anerkennen, dass darin Bilder angesprochen und Anregungen gegeben werden, die unsere Vorstellungen von geistigen Welten bereichern können und deren Wirklichkeit man nicht voreilig als »unmöglich« ausschließen kann. Es lohnt sich, über solche Märchenwelten nachzusinnen. Ich fahre darum mit der Wiedergabe des Interviews fort:

FRAGE: Sind Meere in diesen Welten?
ANTWORT: Ja! Meere, Seen, Flüsse, Bäche, Berge, Wälder, Wiesen. Aber im Meer gibt es weder Fische noch Krebse, sondern das, was man Seejungfrauen, Sirenen, Meergeister nennt. Es sind Lebewesen, die sich aus den potenzierten, verfeinerten Fischseelen entwickelt haben; all die Märchengestalten mit Menschenantlitz, die Verständnis für die Fortentwicklung ihrer Seele haben.

Wir Geister bewohnen jene Welten, unterrichten diese lieblichen, kindlichen Lebewesen, wir lehren ihnen sozusagen den Katechismus der Natur. Ja, wir lehren sie beten; und wenn sie ausgebildet sind, kommt die Verwandlung, die sie in höhere Welten als Lebewesen geboren werden lässt. Und so geht es fort bis ins Urlicht, zu Gott dem Schöpfer, wo sein Hauch die Geister schafft.

Wenn solche Schwärme junger Lebewesen zur Inkarnation in solche Welten kommen, dann gibt es viel zu tun, nämlich sie zu ordnen und zu klassifizieren, sie wachsen, gedeihen zu lassen, sie zu unterrichten.

Das Märchen meiner kleinen Seejungfrau schöpfte ich aus solch einer Erinnerung. Ja, der Sirius ist wohl eine herrliche

Welt! Nicht umsonst zieht dich sein Glitzern so an. Wenn du einmal dorthin kommst, findest du deine vielen schönen Blumen, worin je ein sichtbares Elflein sitzt, mit welchem du plaudern kannst.

Liegst du im Wald unterm Baum, so umrauscht dich die Musik der Äste und die Druide erzählt dir Geschichten. Aus den Wiesen kichern tausend Stimmchen hervor. Ja, in den Lüften siehst du Lebewesen ziehen, in lichten Gewändern mit farbigen Libellenflügeln, das sind die Töchter der Lüfte.

Aus Gestein und Grotten hüpfen liebe kleine Gnomen hervor, Edelsteine tragend, womit die Nächte beleuchtet werden. Es ist zauberisch schön. Die Seelen aus dem Gestein liebe ich ganz besonders, sie sind so treu und fromm und beten gar niedlich.

Dann trittst du an des Baches Rand, da wiegen sich die Nixen kosend in den Wellen! Auf des Meeres Wogen tanzen die Sirenen und lassen ihren süßen Gesang ertönen. Trittst du an sie heran, so heben sie die Arme auf und tragen dich über die blauen Wellen des Meeres.

Alles ist so friedlich und so fröhlich, kein Misston in der Natur, kein Sturm, kein Gewitter, keine Kälte. Die Elektrizität ist in Magnetismus verwandelt. Es gibt Tag und Nacht. Die Sterne erhellen die Nächte. Schlangen, Kröten, kriechendes Getier gibt es keine in solchen Welten, wie schon gesagt, keine bösen Tiere, keine Giftpflanzen. Alles ist zum Guten verwandelt.

Oh, welche Seligkeit, in solcher Welt zu leben und zu wirken. Morgens, abends betet alles. Es ist ein allgemeiner Jubelgesang zum allgütigen Gott der Liebe!

Die Griechen schöpften ihre Mythologie aus Erinnerungen an solche Welten. Es war ein Gemisch von Wahrheit und Dichtung. Für sie hatte die Natur Sprache und Götter, aber den wahren und innigen Gott hatten sie verloren. Götter bildeten eine eigene Episode auf Erden. Es war die Inkarnation gefallener Geister aus solchen Märchenwelten, etwa wie ein Sturz aus dem Paradies. Durch Ungehorsam herbeigeführt, denn es heißt: »Keiner ist sicher, ob er nicht falle.« Die Griechen waren ein eigener Geistertypus, voll Kunstsinn – Geniegeister, die sich selber Götter dünkten und überall Götter sahen, in den Lüften, Quellen, Meeren, Hainen, Unterwelten.

FRAGE: Vermehren sich Tiere im Sirius und sterben sie?

ANTWORT: Ja, Tiere gebären und sterben, doch sind Geburt und Tod dort nicht so grob und materiell wie auf Erden, sondern verfeinert. Die Geburt gleicht mehr einer spontanen Erscheinung und der Tod ist eine sichtbare Verwandlung im Emporschweben. Steht ein Seher auf Erden bei einem Sterbenden, so sieht er den Tod auch als Umwandlung.

Liebe Menschen, ich kann euch nicht genug bitten, seid gut zu den Tieren! Erzieht sie mit Liebe und seid nicht grausam. Die Vivisektion ist ein Greuel und Hunderte von geplagten Tierseelen umschwirren die sogenannten Männer der Wissenschaft. Das sinnlose massenhafte Töten der Tiere auf Jagden ist eine Barbarei. Lange noch umschwirren die geängstigten Tierseelen die Jäger.

Freilich, weil die Erde ein Planet des Gegensatzes, eine gefallene Welt ist, wo die Menschen von Fleischkost leben, gehört das Töten der Tiere zu den Bedingungen der Erdverhältnisse, aber man soll Maß und Ziel darin beachten und kein Vergnügen darin finden.

Das Quälen der Tiere ist eine Misstat. Oh, zertret nicht den Wurm am Weg. Und wenn du eine Blume brichst, so tue es mit Liebe und hege sie dann in deiner Stube. Eine jede gebrochene Blume ist Tötung. Die Blumenseelen entschwinden aus den Kelchen! Rede du mit den Seelen der Natur, bete für sie, damit sie ihre seelische Entwicklung rasch erreichen. Die Seelen werden deine Sprache verstehen und dich schützend umgeben.

Geist »Andersen«

Vielleicht enthalten auch die Träume mancher Kinder einen wahren Kern, wenn sie erzählen, sie hätten mit lebendigen Tieren, nicht mit künstlichen Puppen, gespielt. Waren sie im Geiste in einer solchen Umgebung?

Geistwesen im Luftraum über der Erde

In derselben Quelle wird auch etwas über das geistige Leben in der Erdatmosphäre ausgesagt – auch wieder Anregungen zum Nachsinnen. So formuliert der Geist »Andersen«:

»Geister und Seelen bewegen sich im Luftraum, in den Wolken und darüber hinaus. Es wimmelt nur so im Wasser! Millionen von Geistern bewegen sich dort überall, auch um euch in der Luft.

Wie viele Atome und Moleküle und winzige Lebewesen gibt es, von welchen ihr keine Ahnung habt (mit anderen Worten: die ihr mit euern Augen nicht wahrnehmen könnt, weil sie so winzig sind), ebenso ist es mit den Geistern. Sie sind da, sie leben, aber ihr seht sie nicht.

Nur das Auge des Sehers, der mit dem sechsten Sinn Begabte, sieht sie. Ja, die rosa, gelben und weißen Wolken enthalten gute Geister und Seelenelemente, weil sie mehr Licht in sich tragen und weil nur Gutes im Licht lebt. In den schwarzen, bleiernen Wolken sind niedere Geister und böse Elemente.

Eine Versammlung guter Menschen, heilige Lieder singend, können solche Wolken, Sturm und Hagel verscheuchen, auflösen in wohltätigen Regen.

Christus gebot den Elementen. Wenn bei Gewitter viele Menschen beteten, wäre das heilsamer als alle Blitzableiter. Gebet ist der Ableiter von Elementarschäden, aber es müssten Hunderte sein, die da beten. Wo findet man auf der Erde nur zehn Menschen, die einmütig beten würden und einen starken Glauben hätten? Nicht einmal in den Kirchen ist Harmonie, sondern meist findet man dort Dissonanzen, schwankenden Glauben. Die Konzentration im Glauben und im Gebet muss fest und klar sein, wie ein Kristall.«

Vielleicht ist das Nachsinnen auch über solche Möglichkeiten gut und weiterführend. Jeder, auch ein Geistwesen, hat Aspekte der Wahrheit, nie die vollständige, genau wie im Menschenland. Bleiben Sie abwägend, durchdenken Sie alles, was Sie hören und sehen, und baden Sie es in den Wassern der Liebe und Weisheit Gottes; Sie werden einen Gewinn für sich erzielen und zu besserem Verständnis der großen Zusammenhänge kommen. Ob alles glaubhaft ist, gehört im Tiefstinneren überprüft.

EINE NEUE IRDISCHE HEIMAT

Ankündigungen unseres Umzugs

Jahre und Jahreszeiten verändern die Sicht. Inzwischen sind wir nicht mehr am Stadtrand von München, sondern am Rande eines liebenswerten kleinen Dorfes in der Nähe des Chiemsees angekommen, am Hang mit Blick auf die Kampenwand und ihre Nachbarn.

Mehr als zehn Jahre vor unserem Umzug sagte uns die von Kindheit an hellsichtige Dame, die ich schon erwähnte, aber auch die zweite, das Volltrance-Medium, dass wir umziehen würden: »Frau Emde, für Sie wird ein Haus vorbereitet, sie werden nicht in Ottobrunn bleiben.« Ich glaubte nichts. Warum sollten wir umziehen, wir hatten es sehr schön.

Jahre später hörte ich das Gleiche wieder. Das war so: Ich war mit anderen aus Deutschland von Marian Butler in Wales zur Einweihung ihres »Tempel of Light« eingeladen. Marian hatte jahrzehntelang Menschen in Notsituationen geholfen. Sie war nebenberuflich spirituelle Heilerin, kannte Harry Edwards und all die bedeutenden anderen Heilungsmittler, etwa Gilbert Anderson, den ich im vorigen Buch erwähnt habe.

Die vielen kleinen Geldbeträge, die ihr im Laufe der Jahre gespendet worden waren, hatten auf der Bank Zinsen eingebracht, und so konnte sie sich – wie gesagt: nach Jahrzehnten – ihren Lebenstraum erfüllen: Eine kleine spirituelle Kirche wurde gebaut. Das Grundstück lag gegenüber ihrem Häuschen. Ein kleiner Bach floss vorbei.

Ich möchte einblenden: Im Zweiten Weltkrieg, als große Not bei den Menschen herrschte und dazu noch ein kalter Winter hereinbrach, geschah folgendes Wunder: Sozusagen vor Marians Haustür kam plötzlich Kohle aus dem Bach herausgesprudelt. Wie ein Lauffeuer verbreitete sich die Nachricht im Ort. Alles kam mit Kübeln und Körben und deckte sich ein. Als die Gemeinde davon erfuhr, sperrte sie das Gelände ab. Da versiegte dieser Kohlesegen genauso plötzlich, wie er gekommen war. Marian zeigte uns diese Stelle am Bach. – »Wenn die Not am größten, ist Gottes Hilfe am nächsten.« Aber wie unterschiedlich empfangen wir doch die Liebesgaben Gottes.

War dieses Grundstück nicht wie geschaffen für einen Gebets- und Heilort? Marian, nun schon an die 70 Jahre alt, war stolz, glücklich und dankbar über ihr Einweihungsfest. Vor unserem Aufbruch lud sie uns ein, an einem »Reading« – einer medialen Durchsage – teilzunehmen. Auch sie war unter anderem Volltrance-Medium. Ihr Geistführer hieß Rahidi. Nach einer liebevollen allgemeinen kurzen Ansprache durften wir persönliche Fragen stellen.

Als ich an die Reihe kam und meine Fragen beantwortet waren, fragte »er« so ganz nebenbei, ob ich wisse, dass ein neuer Platz für uns vorbereitet werde. Details zu schildern lehnte er ab, lächelte, bemerkte mein unsicheres Verstehen und sagte nur: »Du wirst umziehen. Es ist ein wunderschöner Ort. Wenn es so weit ist, wirst du ihn erkennen. Es werden dort Rosen blühen.« Zu Hause angekommen, beschäftigte mich gerade diese Aussage sehr. Es war eigentlich kein Anlass umzuziehen …

Als ich wieder einmal bei dem Trance-Medium in Deutschland war, konnte ich den verstorbenen »Max Seltmann« fragen, ob das stimme, dass wir einmal von Ottobrunn wegziehen würden. – Auch »er« (Seltmann) lächelte und sagte: »Ja, du wirst am neuen Ort deiner spirituellen Arbeit besser nachgehen können. Aber es dauert noch etwas, du wirst es dann schon wissen, wenn es so weit ist.«

Ich bin mir bewusst, dass solche medialen Aussagen immer mit einer gewissen Vorsicht zu beurteilen sind, solange man sich nicht sicher ist, ob hier wirklich eine Kommunikation mit einem jenseitigen Wesen stattfindet und wer der jenseitige Partner ist. Ein blindes Glauben ist hier fehl am Platze. Aber wenn sich das Medium in jahrelanger Bekanntschaft immer wieder als vertrauenswürdig erwiesen hat, dann kann man dessen Aussagen zumindest als Denkanstöße annehmen.

Wieder vergingen Jahre. Plötzlich fügte sich alles so unwirklich. Darüber ließe sich ein ganzes Buch schreiben, darum breche ich hier ab. Eine damit zusammenhängende Begebenheit möchte ich Ihnen aber nicht vorenthalten.

An unserem neuen Wohnsitz

Jahre waren vergangen. Nach dem Ende der Berufszeit meines Mannes änderten sich unsere Arbeitsfelder, sie erforderten andere Räumlichkeiten. Dies und andere Gründe bewogen uns, tatsächlich in unserem Alter noch einmal umzuziehen.

Etwa ein Jahr lang haben wir nach einem geeigneten Anwesen gesucht, haben uns verschiedene Häuser und Grundstücke angesehen. Aber immer passte irgendetwas nicht – und auch die Rosen waren nicht zu sehen, die mir angekündigt worden waren: »Es werden dort Rosen blühen.«

Aber schließlich, als wir unser späteres Grundstück zum ersten Mal betraten, fühlte ich mich sofort wie zu Hause, obwohl – ganz seltsam dieses Empfinden – eigentlich alles sehr verkommen aussah, das Haus, der 3000 qm große Garten.

Und da entdeckte ich rechts eine rosa blühende Rose und ein Stück weiter in der Einfahrt eine weiß blühende. Nun war mir alles klar, denn auch die Räume und ihre Anordnung passten zu unseren Plänen. Auch meinem Mann gefiel das Haus, der Ort und vor allem der nahe große Wald. Wir brauchten nun nicht mehr weiter zu suchen. Wir waren bei dem angekommen, was offenbar Jahre vorher schon für uns vorbereitet worden war. Ein besonderes Glücklichsein und eine große Dankbarkeit erfüllten mich. Eigentlich haben mich diese Empfindungen bis heute nie mehr verlassen.

Eine Baumscheibe erzählt

Eine eigenartige Entdeckung möchte ich Ihnen erzählen. Wir haben im Flur eine große Baumscheibe an der Wand hängen, ein Dokument, das für sich spricht: Bei unserem Umzug von Ottobrunn in dieses Naturparadies sind ja auch alle unsere unsichtbaren Freunde mitgekommen. Dadurch entstand hier eine neue Atmosphäre, wie uns später anschaulich vor Augen geführt wurde. Das ging so:
Einige Jahre nach unserem Umzug mussten wir drei Lärchenbäume fällen, weil sie zu ausladend und überaltert waren und bei Windbruch eine Beschädigung des Nachbarhauses zu befürchten war. Eine längere Vorbereitung ging voraus. Die Bäume waren einverstanden, weil die Baumwesen in neu gepflanzte Bäume umziehen konnten. Zuletzt wurde die größte der Lärchen gefällt. Wir ließen uns unten vom Stumpf eine 10 cm dicke Scheibe absägen, um sie als Andenken zu behalten. Sie wurde beim Schreiner geschliffen; dadurch wurden die Jahresringe deutlicher sichtbar.
Ein Freund betrachtete sich die Scheibe und machte eine Entdeckung: Die Jahresringe waren ab einem bestimmten Jahr deutlich verändert. Er zählte: Die äußeren 11 Ringe waren etwa doppelt so breit wie die 24 inneren. Und er stellte staunend fest: Genau elf Jahre waren zwischen unserem Umzug und der Baumfällung vergangen! Bei unserem Umzug hat sich die geis-

tige Atmosphäre im Garten verändert, neue Wachstumskräfte sind hinzugekommen – ein Beweis für das liebevolle Miteinander der sichtbaren und der unsichtbaren Schöpfung. Das »Dokument« ist noch vorhanden und zu besichtigen. Könnte ein Mensch so etwas manipulieren?

Jeder kann den geistigen Beistand haben

Warum erzähle ich das alles, warum gebe ich Ihnen so viel Persönliches preis? – Vielleicht können Sie dadurch besser die Verwobenheit zwischen sichtbarer und unsichtbarer Wirklichkeit erahnen. Es sind doch nur Schleier dazwischen, keine undurchdringlichen Wände.

In der geistigen Wirklichkeit ist ein großes Warten darauf, dass der Mensch, dieses Kind Gottes, sich endlich für die lichte, feine Welt interessiert und ihre universellen Gesetze kennenlernt. Liebe will neu verstanden werden. Wir sind noch zu sehr Kinder, also zu begrenzt in unserer Erfahrung, um die Weisheit und Gerechtigkeit Gottes voll verstehen zu können. Aber unseren guten Willen, uns bewusster zur All-Einheit hin zu bemühen, möchte man endlich erleben.

Warum? – Weil wir sonst wie in Trance unserem Abgrund entgegengehen. Es geht um unser Aufwachen zur Ganzheit der göttlichen Schöpfung. Noch deutlicher: Die sichtbare und die unsichtbare Wirklichkeit zusammen bilden erst die Einheit, die Ganzheit, der wir angehören.

Aus der Truhe meines Lebens hole ich da und dort etwas hervor, um Ihnen die Möglichkeit nahezulegen, sich bewusster für Ihren Weg zu Gott aufzuschließen. Da reicht es nicht, ab und zu in die Kirche zu gehen oder etwas für einen guten Zweck zu spenden, wenn die Seele weiter hungern muss. Ihr Geist ist mehr

144

als der Intellekt, er möchte nicht nur äußerliches Wissen, sondern etwas von der Weisheit Gottes verstehen, um dann in Seinem Sinne handeln zu können.

Warum sind heute so viele Menschen krank, vor allem auch psychisch geschädigt? – Weil eine oberflächliche Einseitigkeit gezüchtet wird. Weil wir nicht wahrhaben wollen, dass es die lichten und auch die dunklen Kräfte gibt, dass wir hier in einer permanenten Herausforderung stehen, ununterbrochen in einer Entscheidungssituation.

Der Weg zum Licht ist der schwerere. Aber wer sind wir, und wo wollen wir hin? Haben wir die lichten Begleiter an unserer Seite, dann besitzen wir auch den Kompass, der uns aus dem Dunklen herausführt zum Glücklichsein.

AUS DEM HASS ZUR
ERLÖSUNG

Die Lehren des Rabbi

Eine Zeit lang hatte ich einen verstorbenen Rabbi an meiner Seite. Wie kam es dazu?

Er hatte den Holocaust durchgemacht, war vermutlich dabei umgekommen und voller Hass. Der Rabbi wunderte sich über mein Mitgefühl für den Nächsten, meinen Einsatz im Namen Gottes. Er wollte dazulernen. Einige Zeit später vermittelte er mir, dass er nun von der Rückverbindung mehr verstehe und anfange, das Verzeihen zu lernen. Es sei ein schwieriger Prozess, denn alle seine Landsleute, die er kenne, verharrten bei ihrem Nicht-verzeihen-Können.

Gepflegt werde dies, so meinte der Rabbi, durch die vielen Konzentrationslager-Gedenkstätten. Könnten dort nicht stattdessen die schönsten Rosengärten entstehen, zauberhafte Naturparks mit Bänken, die zum Nachdenken über den Sinn des Lebens einladen? Das würde die verwundeten, misshandelten Seelen allmählich heilen lassen. Sie würden sich nicht mehr gebannt fühlen an das Schreckliche ihrer Vergangenheit.

Was für ein großartiges Beispiel für seine – lebenden und verstorbenen – Landsleute war auch Viktor Frankl als Betroffener, indem er allem Erleben einen tiefen Sinn zuschrieb. Er überlebte die lange Zeit im Konzentrationslager und wurde schließlich der Vater der Logotherapie, deren Anliegen es ist, psychisch Kranke, insbesondere Suizidgefährdete, dadurch zu heilen, dass sie ihr Schicksal als sinnvoll und letztlich gut annehmen.

146

Welche menschliche Größe und Würde in der täglichen Verarbeitung des Schrecklichen, wenn man schließlich ermutigen kann: »... trotzdem Ja zum Leben sagen«, so der Titel seines Buches über sein eigenes Schicksal. Ich neige mich zutiefst.

Begegnung mit ermordeten Lagerhäftlingen

Lassen Sie mich über eine Reihe von Begebenheiten berichten, die mit dem Vorigen in Zusammenhang stehen und mich zutiefst berührt haben. Etwa zwei Jahre bevor wir Ottobrunn verließen, hatte ich ein merkwürdiges Erlebnis in unserem angrenzenden Wald, wo ich mit unserem Hund Leo täglich spazieren ging. Ein wunderschöner Mischwald, lichtdurchflutet. Aber merkwürdig, ich empfand mehr und mehr eine unerklärliche Schwere, Beklommenheit – manchmal wie geistiger Nebel, obwohl die Sonne wie eh und je strahlte und sich materiell nichts verändert hatte. Dieses Empfinden nahm zu.
Einmal, wir waren auf dem Rückweg, wollte Leo nicht weitergehen. Seine Haare sträubten sich, ein leises Knurren war zu hören. Weit und breit war niemand zu sehen. Da begriff ich: Er sah etwas Geistiges, was ich nicht wahrnahm. Laut sagte ich in die Stille: »Im Namen Jesu Christi, gib den Weg frei!« Augenblicklich wedelte Leo mit dem Schwanz und sprang wieder los.
Wie Schuppen fiel es mir von den Augen, als in diesen Wochen jemand etwas von einem Konzentrationslager erzählte, einer Außenstelle von Dachau, in der medizinische Experimente mit Menschen angestellt wurden. Der Ort dieser Schreckensanstalt hatte sich bis zum Ende des Zweiten Weltkriegs ganz in der Nähe von uns in eben jenem Wald befunden. Ottobrunn war damals ein riesiges Waldgebiet, kaum ein Haus weit und breit. Ich überspringe viel. Niemandem erzählte ich etwas davon.

Wir hatten einmal in der Woche dienstagabends unseren Hauskreis: Musik, Gebet, religiöse Gesprächsthemen, Heilgebet,
Musik zum Ausklang. Nicht nur, dass ich seit der Begegnung
täglich mit diesen gequälten, armen, hasserfüllten Wesen auf
meinen Spaziergängen sprach. Ich lud sie auch regelmäßig zum
Hauskreis ein. Unzählbar viele hörten dann zu. Wir, die lebenden
Teilnehmer, waren wie auf einer Schutzinsel im Wohnzimmer,
aber rundherum im Abstand standen jene dicht gedrängt und
nahmen alles auf.

Etwa zwei Jahre ging es so, dann kam unser letztes Hauskreis-
Treffen in Ottobrunn. Wir zelebrierten das vorweihnachtliche
Abendmahl – ein Erinnerungsfest, zugleich ein vorläufiger Ab-
schied von unseren lieben Weggefährten auf dem spirituellen
Pfad. Am nächsten Tag wollten wir zu packen beginnen.

Eine eigenartige, nicht beschreibbare Stimmung füllte den
Raum und plötzlich kam mir das konkrete geistige Sehen. Kerzenlicht war schon im Wohnzimmer auf dem Tisch, auf dem
Klavier, aber das geistige Licht überstrahlte nun alles tausend-
fach. Es kam von den hinzukommenden Geistwesen aus dem
Konzentrationslager. Ich erkannte sie, die uns immer zum Hauskreis besucht hatten. Sie waren weiß gewandet, leuchteten –
und sie waren erlöst aus ihrem Hassgefängnis.

Unendlicher Dank kam mir entgegen. Auch für sie stand der
Umzug bevor. Sie hatten ausgelernt, hatten das Dunkle in sich
überwunden, durch Verzeihen aus dem Verstehen der großen
Zusammenhänge heraus. Der Himmel rief. Sie wollten sich
verabschieden, ihr Glücklichsein zeigen. Ich konnte mich nicht
länger beherrschen, weinte und schluchzte, und so musste ich
unseren Freunden und meinem Mann eine Erklärung abgeben.
Ich erzählte zum ersten Mal öffentlich die ganze Geschichte, die
vor über zwei Jahren begonnen hatte, berichtete von den Hei-
lungsgesprächen und erwähnte auch, wie das Licht jedes einzelnen Hauskreisteilnehmers zur Heilung dieser geschundenen
Seelen beigetragen hatte. Es wurde ein langer, ungewöhnlicher

Abend. Viele Tränen flossen. Die Sicht verblasste, aber tief eingedrungen war das Geschehen in jede Seele.

Einweihungsfeier im neuen Zuhause

Monate gingen über das Land. Wir brauchten lange, bis wir nach etwa einem halben Jahr zum ersten Hauskreis in der neuen Heimat einladen konnten. Noch längst nicht waren alle Zimmer fertig eingeräumt. In meinen Räumen oben unterm Dach herrschte noch schreckliche Unordnung.

Es war an einem Samstagnachmittag, an dem die von allen lang erwartete Einweihungsfeier – eine herzliche Wiedersehensfeier – stattfand. Jeder hatte das letzte Erleben aus Ottobrunn noch lebhaft in Erinnerung. Es hatte jeden, nicht nur mich, tief berührt.

Auch viele Naturwesen waren wieder anwesend. Xaver strahlte. Er war mit den Seinen schon vor uns eingezogen. In Ottobrunn hatte er Kollegen aus der Umgebung eingewiesen, damit der schöne Garten, das Haus, nicht so verwaist zurückbleiben sollten.

Hilfe kommt als Dankbarkeit zurück

Als weitere Monate mit viel Arbeit vergangen waren, lud ich meine engsten Freunde ein, um endlich auch mein Reich unterm Dach einzuweihen. Prof. H. kam mit seiner Frau, auch das Volltrance-Medium, durch das sich seinerzeit Max Seltmann gemeldet hatte, und andere. Sie trafen an einem Freitag aus unterschiedlichen Richtungen ein. Samstagvormittag nach dem Frühstück wollten wir ihnen die wunderschöne Umgebung zeigen und nachmittags sollte erstmals mein Privatreich gewürdigt werden, um auch dafür den Segen des Höchsten zu erbitten.

Als wir vormittags langsam über die Wiesen zum Waldrand hochgingen, um die schöne Aussicht zu den Bergen zu genießen, schwankte das Medium, lehnte sich an einen Baum und fiel in Trance. Keiner aus der Gruppe wusste etwas von meinen Erlebnissen mit den früheren Insassen des Ottobrunner Konzentrationslagers und dem Geschehen beim letzten Abendmahlstreffen in Ottobrunn.

Was beschrieb das Medium? Eine große Menge geistiger, weiß gewandeter Wesen, strahlend, leuchtend, glücklich im Aussehen, seien anwesend, um uns zu begrüßen. Sie ließen mir mitteilen, wenn ich je Probleme hätte, würden sie mir aus der dankbaren Verbundenheit aus der Ottobrunner Zeit zur Seite stehen. Sie würden heute gerne an der Einweihungsfeier teilnehmen, sofern ich sie einladen würde.

Bei der nachfolgenden kleinen Feier waren dann sie alle und wieder unzählige Naturwesen aus der Umgebung zugegen.

Ein beunruhigender Bericht und die Lösung

Wieder waren Monate vergangen. Ich hatte ein Seminarwochenende im Albert-Schweitzer-Haus in Bad Godesberg zu leiten. Mein Mann war mit dabei, weil wir nachher zu den Schwiegereltern weiterfahren wollten. Nach dem Abendvortrag gesellte sich eine Journalistin zu uns, die Merkwürdiges zu berichten wusste, nachdem sie erfahren hatte, dass wir aus dem Chiemgau kamen. Vor etlichen Jahren hatte sie den Auftrag einer Illustrierten erhalten, im Chiemgau nach Altlasten aus den letzten Kriegstagen zu recherchieren. Es gebe viele Hinweise.

Ich möchte hier alle Einzelheiten überspringen. Ihr Bericht ist nicht veröffentlicht worden, vielleicht weil man Unruhe in der Bevölkerung und Einbußen im Fremdenverkehr befürchtete. Sobald wir nach Hause zurückgekommen waren, telefonierte mein Mann und informierte kompetente übergeordnete Stellen über das Gehörte. Eine Nachprüfung erbrachte keine konkreten Ergebnisse.

Da erinnerte ich mich an das Angebot meiner »Konzentrationslagerinsassen« und bat: Möchten sie sich erkundigen, ob sie die Erlaubnis erhielten, hier geistig – oder wie auch immer – etwas zu unternehmen, um Spätschäden in diesem wunderschönen Fleckchen Erde zu verhindern. Auch Xaver mobilisierte sofort seine unzähligen Freunde aus der Umgebung. Auf unserer »Zwergenwiese« wurde getagt.

Wie oft stehe ich am Fenster und bitte um Segen und Schutz für alle Lebewesen in der Natur und die hier lebenden Menschen. Es gibt nichts, was nicht geistig bewerkstelligt werden könnte. Möge Gott es erlauben und allen seinen Segen und Schutz schenken.

ERTRAG

Die Verbindungen bleiben

Inzwischen ist unsere Zwergenwiese ein etablierter Ort. Regelmäßig wird getagt, wird besprochen, was gerade aktuell ist und was an geistigen Arbeiten ansteht. Auch unsere Enkelkinder und alle Freunde wissen darum. Die Wiese wird nicht betreten, allenfalls zum Mähen und sonstigen notwendigen Gartenarbeiten.

Diese wunderbaren, unersetzlichen Mitarbeiter Gottes in Verbindung mit unseren geistig-lichten Betreuern im Namen des Höchsten haben es nicht leicht in der heutigen Zeit. Sehen Sie sich doch um, wie es in der Welt aussieht. Die destruktiven Kräfte nehmen zu. Was meinen Sie, warum ich in all den gesammelten Berichten suche, mein besonderes Tagebuch durchblättere, hier und dort etwas heraushole, Erlebnisse erzähle? Die grenzenlose Liebe scheint – wenn auch manchmal verschlüsselt – immer hindurch; Demut, Bewunderung und Ehrfurcht möchten die Seele füllen. Diese Kunde soll verbreitet werden, soll Früchte tragen.

Wir suchen viel zu wenig nach den unglaublich vielschichtigen aufbauenden, heilenden Energien. Ich möchte es immer wieder betonen: Naturwesen, Engel, alle Wesen der lichten Dimensionen warten sehnlichst darauf, dass der Mensch Partner werde. Dass er sich hier im materiellen Bereich nicht isoliert als Alleinherrscher betrachte. Sich die Erde untertan zu machen, ist eine teuflische Devise. Stattdessen könnte einer dem anderen dienend zur Seite stehen, helfen, wo Hilfe erforderlich ist.

Müssen wir unsere Seele immer neuen Gewaltvideos und sonstigem negativen Nervenkitzel aussetzen? Wollen wir nicht endlich die Innenweltverschmutzung – eine Mitursache unserer Umweltverschmutzung – beenden? Gott gebe uns das Erkennen, worauf es heute ankommt.

Der Baum kann nicht seine Wünsche äußern, selbst das höhere Tier nur bedingt. Der Mensch aber sollte sich seiner in der Tiefe seiner Seele wohnenden göttlichen Liebe mehr bewusst werden, lauschen lernen, um ins große Verstehen hineinzureifen.

»Was du nicht willst, dass man dir tu, das füg auch keinem anderen zu!« Bezieht sich dieses Gebot nicht auf jede Lebendigkeit in und auf der Erde, in den Gewässern und in den Lüften? Und sollte es nicht genau dieselbe Bedeutung für die geistige Schöpfung Gottes haben?

Christian Morgenstern meint: »Wir brauchen nicht fortzufahren, wie wir gestern gelebt haben. Machen wir uns von dieser Anschauung los, und tausend Möglichkeiten laden uns zu neuem Leben ein.«

Lasst uns Erlöser sein in Gottes Garten!

Der letzte Bogen schließt sich. Viel, viel könnte ich noch erzählen, aber ist nicht weniger mehr?

Wie es heute bei uns zu Hause aussieht? Steine, Blumen und die größeren Pflanzen leben hier in Gleichwertigkeit und Harmonie zusammen. Xaver und alle Lichtwesen haben ein Paradies bekommen, das aus dem Nichts, einer vollkommenen Wildnis, geschaffen worden ist. Mit der Hilfe des Himmels ergab sich eines nach dem anderen.

Ich war nur Handlanger. Lastwagenweise haben wir Steine verarbeitet. Alle Beete sind so eingefasst, dass beim Mähen der Wiesen der Rasenmäher keiner Blume wehtut. In der großen Gemeinschaft mit Sichtbaren und Unsichtbaren sind wir hier tätig. Jeder fühlt sich wohl, einer bereichert den anderen. Es ist eine Blumen-, Sträucher-, Baum- und Tier-Oase, wo Gift ein Fremdwort ist und jeder den Segen spürt.

Die Fülle der Energien dient dem Heilwerden. Unendlich viele Menschen haben hier schon Kraft geschöpft. Wir fühlen uns als Verwalter und spüren, dass dieser vorbereitete Platz auch weiter geistig leuchten wird, wenn wir hinübergegangen sein werden. Immer fügt sich alles, kommt zur rechten Zeit und ist in Gottes Hand. Wir sind gehalten, das Unsere hinzuzutun.

Nicht Gott verhüllt geheimnisvoll Sein Walten,
den hüllend Schleier trägst, o Mensch, nur du.
Die Stimmen schwiegen nie, die allen galten,
von deren Klang die Himmel widerhallten;
vor dir nur tat des Paradieses Tor sich zu.

Du gehst im Licht und siehst nur, dass die Strahlen
der Dinge Schatten auf den Boden malen,
der Dinge Wesen siehst und suchst du nicht.
Es predigt dir das schattenlose Licht,
und Erd und Himmel wolln dir Antwort geben.
Dein friedlos Fragen nur und friedlos Leben
ist schuld, dass du die Antwort nicht verstehst
und unerlöst durch ungelöste Rätsel gehst.

Erlöser sollst du sein in Gottes Garten
und hörst die Stimmen nicht, die zarten,
und weißt es nicht, wie alle Wesen warten. –
Doch eine Stimme ist, die überhörst du nicht:
Weh – wenn des Sturmes starke Stimme spricht.

Ephides, übermittelt durch Hella Zahrada[36]

NACHWORT

Lassen Sie mich Ihnen, meine lieben Leserinnen und Leser, meine herzliche Anerkennung für Ihre Aufgeschlossenheit und Ihre Geduld aussprechen, dass Sie bis hierhin durchgehalten haben bei dieser zuweilen recht unüblichen Lektüre.

An dieser Stelle gebührt es, all denen zu danken, die bei diesem Buch mitgewirkt haben. Es sind vor allem drei Menschen, die an der Bearbeitung wesentlichen Anteil hatten. Es ist mein Sohn Eckhard, der den ganzen Text vom handschriftlichen Manuskript in den Computer eintippte und immer wieder nachträglich Korrekturen und Ergänzungen anbringen musste. Von meinem Mann kamen viele Verbesserungsvorschläge. Und schließlich ging alles an Frau Anneliese Gleditsch, die sich wieder – wie schon beim ersten Buch – als hervorragende Lektorin bewährte.

Mit meinen Männern gab es einige Debatten über den Inhalt: »Gib nicht zu viel Ratschläge!«, meinte mein Sohn. Mein Mann fand, dass auch UFOs und Kornkreise erwähnt werden sollten. Interessanterweise hörten wir gerade in dieser Zeit erstmals von den Erdställen. Sie haben überall die Fußnoten gefunden für den Fall, dass Sie mehr über diese Themen erfahren möchten.

Leben wir nicht in einer spannenden Zeit? Mögen meine unsichtbaren Begleiter zufrieden sein! Ich durfte – wie konnte es anders sein! – immer wieder ihre Hilfe beim Verfassen des Textes spüren. So ist es auch »ihr Buch« geworden. Sollten diese Helfer nicht bei jedem und allem viel mehr einbezogen werden? Ich bin ihnen unendlich dankbar; wir haben ein wundervolles »erweitertes Familienleben«. Es ist unglaublich spannend, heute schon in der unsichtbaren Schöpfung Gottes ebenso zu Hause zu sein wie in der sichtbaren.

Ich wünsche Ihnen dazu den Segen des Höchsten.

ANMERKUNGEN

1 Gertrud Emde: *Geistige Heilung durch göttliche Lebensenergie* (Kösel Verlag, 2006). In nachfolgenden Verweisen abgekürzt als *Geistige Heilung.*

2 Ausführlich geschildert in *Geistige Heilung,* S. 111–113.

3 In seinem Buch: *Die Erde heilen. Das Modell Türnich* (Diederichs, München 1991) erläutert Marko Pogačnik anhand zahlreicher Abbildungen ausführlich seine Vorgehensweise. – In den 1990er-Jahren wurde darüber vom Sender 3sat ein Fernsehfilm ausgestrahlt mit dem Titel: *Wie ein Phönix aus der Asche. Die wundersame Rettung des Schlossparks zu Türnich.*

4 A. a. O., S. 157.

5 *Geistige Heilung,* S. 170 und Anmerkung 30. – Ausführlich geschildert im Vorwort zu: Max Seltmann: *Erlebte geistige Welt. Ein Sensitiver erzählt seine Lebensgeschichte* (G. Emde Verlag, Pittenhart 1998).

6 Damals wohnten wir in Ottobrunn bei München.

7 Fürchtegott ist auch der Name einer Person in Max Seltmanns Buch *Arno – Begegnungen hüben und drüben* (G. Emde Verlag, Pittenhart 2000).

8 Siehe S. 58 f.

9 Siehe S. 60.

10 Erla Stefánsdóttir: *Lífssyn mín. Lebenseinsichten der isländischen Elfenbeauftragten* (Neue Erde Verlag, Saarbrücken 2007).

11 Tanis Helliwell: *Elfensommer. Meine Begegnung mit den Naturgeistern* (Neue Erde Verlag, Saarbrücken 1999).

12 Interview mit Tapio Kaitaharju von Wolfgang Weihrauch:»Freundschaft mit den Naturgeistern«, in: *Naturgeister. Vom Wirken der Naturgeister* (Flensburger Hefte Bd. 55, Flensburg, 2000).

13 Aus:»General-Anzeiger« vom 1.12.1988.

14 Eine Quellenangabe steht mir nicht zur Verfügung, ich besitze nur den Zeitungsausschnitt.

15 Z. B.: Börner-Kray: *Esoterischer Sommer* (Verlag Dem Wahren Schönen Guten, Baden-Baden 1989), Ursula Burkhard: *Karlik. Begegnungen mit einem Elementarwesen* (Werkgemeinschaft Kunst und Heilpädagogik, Weißenseifen [3]1996). – Weitere Erfahrungsberichte von der gleichen Autorin (ebenda). – Wolfgang Weihrauch (Hrsg.), Verena Staël von Holstein: *Was die Naturgeister uns sagen. Im Interview direkt befragt* (Flensburger Hefte, Bd. 79). – Dieselben: *Neue Gespräche mit den Naturgeistern* (Flensburger Hefte, Bd. 80).

16 Karl Schwarzfischer: »Erdställe als Kultstätten. Hinweise aus Volksglauben und Namensforschung«, in: *Jahresheft des Arbeitskreises für Erdstallforschung, Nr. 19* (Roding 1993).

17 Nähere Informationen bei: Arbeitskreis für Erdstallforschung, Tulpenweg 11, 93426 Roding. – Im Internet: www.erdstall.de – Erdstallmuseum Walderbach, 93194 Walderbach. – Zeitschrift: Der Erdstall. – Siehe auch der Fachartikel unter Fußnote 16.

18 Od: Feinstoffliche Substanz, Lebenskraft (nach Carl Freiherr von Reichenbach, Wien, 1788-1869).

19 Siehe *Geistige Heilung*, Fußnote 15: Lassen Sie mich diese Bezeichnung als Zusammenfassung verwenden für die erfahrbare göttliche Quelle der heilenden Energie und die Gesamtheit der Personen oder Kräfte, von denen wir uns im guten Sinne im Leben behütet, geführt und unterstützt glauben. Dies kann, je nach Glaubensüberzeugung, unterschiedlich gegliedert sein. Ich denke dabei an: Gott Vater (und Mutter), Jesus Christus, Maria, und in zweiter Instanz an alle Engel, Heiligen und Schutzengel. Die Benutzung dieses zusammenfassenden Begriffs erleichtert mir die Darlegung meiner Gedanken.

20 *Geistige Heilung*, S. 39-43. – Siehe auch: Günter Emde: »Möglichkeiten und Gefahren der Medialität« (*Via Mundi Heft 6*, G. Emde Verlag, Pittenhart, [2]1995) S. 24-39.

21 Die Schriftenreihe *Flensburger Hefte, Anthroposophie im Gespräch,* hrsg. von Wolfgang Weihrauch, behandelt vielfältige aktuelle Problemstellungen, unter anderem auch das Thema Naturwesen. In mehreren Heften werden Gespräche mit Naturgeistern wiedergegeben; darin werden neben anderen Gattungen auch sogenannte »Maschinenwesen« erwähnt; zum Beispiel in »Neue Gespräche mit den Naturgeistern« (*Flensburger Hefte Nr. 80,* Flensburger Hefte Verlag, Flensburg 2003), S. 94 u. 134, ferner in Sonderheft 22, S. 137.

22 Geoffrey Hodson: *The Kingdom of the Gods* (The Theosophical Publishing House ADYAR, Madras/India 1976). Ganz ähnliche Bilder finden sich auch im Buch von Erla Stefánsdóttir, siehe Fußnote 10.

23 Aus: Deggendorfer Zeitung, 12.3.1981.

24 Aus: Plattlinger Anzeiger, 13.3.1981.

25 In diesem Sinne hatte sich – weiter vorn in diesem Buch – auch der Zwerg im »Gespräch mit einem Wichtelmann« geäußert.

26 Das Phänomen ist in der Parapsychologie unter dem Begriff »Psychometrie« oder (treffender) »Psychoskopie« bekannt.

27 Siehe Fußnote 18.

28 *Geistige Heilung*, S. 135 ff.

29 Derartige Phänomene sind in der Parapsychologie unter der Bezeich-

nung »Materialisationen« bekannt. Sie werden in dieser Art zum Beispiel von dem Medium Carlos Mirabelli berichtet in: Emil Mattiesen: *Das persönliche Überleben des Todes,* Bd. 3 (W. de Gruyter, Berlin 1968), S. 123–135. – Liegt vielleicht dem leibhaftigen Erscheinen Jesu nach seinem Kreuzestod ein ähnlicher Vorgang zugrunde? – Materialisationen anderer Art (mit sog. Ektoplasma) ereigneten sich zum Beispiel durch das Medium Einer Nielsen; Näheres darüber zum Beispiel in: Werner Schiebeler: *Zeugnis für die jenseitige Welt* (Verlag »Die Silberschnur«, Güllesheim 1989), S. 82–251.

30 *Geistige Heilung,* S. 135–143.

31 VIA MUNDI e.V. ist ein gemeinnütziger Verein, Interessengemeinschaft für transzendenzoffene Wissenschaft und christliche Spiritualität. Seit 1983 wird jährlich eine Tagung veranstaltet. Näheres im Internet unter www.viamundi-ev.de oder www.g-emde.de.

32 Terje Toftenes: *Crop Circles. Crossovers from another dimension* (Toftenes Multivisjon A. S. Oslo, Norway. Kontakt: www.toftenes.no, toftenes@ toftenes.no). – Berichte über neueste Kornkreise und Abbildungen findet man u. a. unter der Adresse www.cropcircleconnector.com (englisch) oder www.kornkreise-forschung.de (deutsch). – Großformatige Bilder gibt es in dem Kalender: Andreas Müller: *Kornkreise 2008. Mit erläuternden Texten* (DuMont Kalenderverlag, Köln 2007). – Ausführlich informiert über die Thematik zum Beispiel das Buch von Eltjo Haselhoff: *Faszinierende Kornkreise. Wissenschaftliche Forschung und urbane Legendenbildung* (Beust Verlag, München 2002).

33 Baronin Adelma von Vay (1840–1924) war erste Präsidentin des von ihr und ihrem Mann gegründeten »Verein geistiger Freunde«, der bis heute besteht. Ihr (medial übermitteltes) Hauptwerk trägt den Titel: *Geist, Kraft, Stoff.*

34 Ein weiteres Werk von Adelma Vay.

35 Heute weiß man, dass auf dem Jupiter und erst recht auf dem Sirius kein Leben in unserem Sinn möglich ist. Aber es ist vorstellbar, dass es dort eine geistige Parallelwelt gibt, in der die geschilderten Verhältnisse bestehen – ebenso wie es auch für uns Erdenbewohner eine geistige Umwelt gibt.

36 Ephides ist ein jenseitiger Dichter, der seine Gedichte über die Pianistin Hella Zahrada medial übermittelt hat. Näheres in: Hella Zahrada: *Ephides, ein Dichter des Transzendenten* (Hans Dienstknecht, Bürger Verlag, Hardthausen, 2002).